貧困女子の世界

編著
中村淳彦

宝島社

はじめに

繁華街のガールズバーや価格が高めのデリヘルに行けば、働くのは現役女子大生だらけ。在籍する大学を聞けば、難関一流大学の名がズラリだ。旬《しゅん》な肉体を持つ女子大生たちに押し出された一般的な風俗嬢たちは、どんどんと価格の安い店に移動し、1本につき手取り3000円、4000円という報酬で見知らぬ男たちの精液を浴びている。

もう10年以上前から性風俗の世界では女性の供給が男性の需要をはるかに超え、異常ともいえるデフレ状態になっている。価格はバブル期と比較すれば1人に対する報酬で半減、月収ベースで6～7割減とすさまじい下落ぶりで、彼女たちは最終手段であるカラダを売っても、もはや自分1人の生活さえ支えることができない。

女性にとって切り札である肉体や性を売っても、苦しい生活から逃れられないとなると、本当に深刻な状態だといえる。

一度堕《お》ちたら抜けられない「貧困スパイラル」

平成という時代は女性と若者たちにとって厳しい時代だった。それは元号が令和になっても変わることはなく、大学を卒業して社会へ出たとしても賃金は安い。ダブルワーク、トリプルワーク、長時間労働をして、やっと普通の生活ができる程度にしか稼げない。働きながら節約し、やっとお金が余っても奨学金の返済で消えてしまう。

貧困に陥ると交遊関係は広がらない。人間関係はどんどん狭くなる。最終的には孤立する。1人でお金のことに悩み、長時間労働でもすれば精神疾患の引き金ともなる。体を壊してしまったら、立ち直るのに数年はかかり、もう人生を棒に振ることになってしまう。

泥沼からはい上がろうと、必死に婚活をして恋人や出会い系アプリで知り合った男性と結婚しても、蓋を開けてみれば男性たちによるモラハラ、ドメスティックバイオレンスまみれ。子供ができてしまったら、どんな厳しい環境となっても我慢することになる。何年間も我慢に我慢を重ねても、いずれ限界は来る。子供を抱えての離婚だ。

シングルマザーになったら、日本では最低限の生活を余儀《よぎ》なくされる。新自由主義に染まった日本では、育児の価値は認められていない。仕事をいくら探しても非正規で最低賃金の雇用ばかり。どう生きていけばいいのだろうかと途方に暮れる。

そして40歳を超えたら、もう普通の暮らしという小さな希望も叶《かな》わなくなる。最低賃金の雇用からもはじかれ、生きていけないと職業安定所にSOSを訴えると、人手不足の介護業界への就職を勧められる。数カ月間、必死に勉強して資格を取得、斡旋《あっせん》された介護施設で働く。やっと見つかった第二の人生の場は、貧困の巣窟だった。職員同士のイジメ、いがみ合い、マウンティングが蔓延《まんえん》。性格が歪《ゆが》んでいる中年童貞の上司に偉そうにされ、団塊世代の男性高齢者からは毎日セクハラされる生き地獄のような職場。

もう選択肢は死ぬしかないのか。そう毎日考えるようになる——。

若者と女性の貧困化は「国策」

貧困女子は国のさまざまな政策によって生み出された被害者といえる。

国と企業は、平成の失われた20年間で中年男性たちの正社員という立場と企業利益を必死に守り、女性や若者には貧困を強制するというババを押しつけた。彼らが苦しいと声をあげれば自己責任論を叩きつけ、徹底的に痛めつけた。現状、賃金に男女格差があり、貧困層は女性が中心なのは、国民の最大のセーフティネットだった雇用に関して中年男性の領域は不可侵とし、女性や若者の労働から先に商品化させたからだ。

あまりにも賃金が安すぎる。女性がどんなに苦しいと訴えても、中年男性は今のところ優雅な自分たちの生活を崩すつもりはない。そして、女性が肉体を提供するならお金を払い、再分配をしてあげてもいいという社会をつくりあげた。

たまたま優遇されただけの中年男性たちは、苦しい女性たちの肉体を貪りながら、「貧困はあなたたちに責任がある」と言い続けた。挙句の果てには、自分が射精した女性たちに「そんなにブランド物が欲しいのか」「今の若者はなっていない。情けない」「日本の将来が心配だ」などと、ズレまくった誹《ひ》謗《ぼう》中傷を投げ続けた。

たまたま国と企業からハシゴを外されなかっただけの層が、苦しむ女性を見下し、〝上の立場〟からセクハラやパワハラを楽しみ、肉体を貪り、気分転換とばかりに誹謗中傷で憂さ晴らしをし、あらゆる妨害を繰り返し、追いつめ、その結果が現在の貧困女子まみれの惨状である。

このとんでもない日本の構造に気づいた私は、同年代（団塊ジュニア世代）や上の世代の中年男性による女性や若者に対する横暴や暴言を見かけるたびに注意したが、基本的に逆ギレされる。彼らはどこまでも貧困層に対して自己責任論を主張し、常に年功序列的な上から目線で年上を敬うことを強制し、日本は先進国で裕福な国だと信じ、自分たちはたまたま優遇されただけ、という現実にいっさい気づいていない。

国による若者と女性の貧困化政策と、中年男性たちの勘違いと横暴によって、日本はズタズタに分断されてしまった。

でも安心してほしい。貧困女子たちの苦難はおそらく現在が最悪である。もう、限界まで悪化してしまった。

貧困女子たちの生活水準は生活保護受給者レベルで、もうこれ以上、下げようがない。さらに、政府の動きにも変化が見える。さすがにやりすぎと思ったのか、1億総活躍社会、働き方改革、男女共同参画、同一労働同一賃金、給付型奨学金、幼保無償化など、ここ数年、ずっと冷遇・放置されてきた女性たちに有利な施策を打ち出すようになっている。

データが示す圧倒的な男女経済格差

日本はデフレが30年近く継続する一方、税負担はどんどん上昇している。女性たちの経済的現状は、大変厳しい。

女性の平均年収は287万円（平成29年国税庁調べ、以下同）で、全女性就業者の56・6％を占める非正規雇用者（平成29年総務省調べ）になると150万円になる。一方、男性の平均年収は432・2万円であり、22・2％と女性より圧倒的に少ない非正規雇用者でも平均年収は229・4万円。現在の日本の圧倒的な男女経済格差は、データにはっきりと表れている。

最近、さまざまな場面で「貧困」という言葉が語られる。

貧困には「絶対的貧困」と「相対的貧困」という2つの指標があり、「絶対的貧困」は1日1・9ドル未満で暮らす状態で、飢えをともなうような困窮をいう。日本を含む先進国における貧困は、可処分所得（収入から税金、社会保険料を除いた額）が国民の所得中央値の半分に満たない状態である「相対的貧困」を指す場合が多い。現在は1人当たりの可処分所得が年間120万円程度で該当し、「単身女性の3人に1人」「子供の6人に1人」が相対的貧困状態にあることは、大々的に報道されている。単身女性の3人に1人となると、一人暮らしをする非正規雇用の女性は、ほぼ壊滅状態だといえる。

どうしてこんなことになったのか。昭和から平成初期までの貧困は、主に病気や事故によって働けないという失業が原因によるものだった。家族で支え合って困窮をなんとか乗り切る、または日雇い労働者がスラムを形成する、という見える貧困だった。

しかし、平成中期以降はフルで働いても貧困から抜け出せない社会になった。貧困該当者もスマホを持ち、きれいな服を着て、見た目ではまったくわからない。平成中期から女性が社会進出するようになり、そのタイミングで政府は雇用の規制緩和をして労働を商品化させた。市場原理なので、たとえば時給900円と1200円の労働者がいれば、常に時給900円の労働者が選ばれる。女性を中心に人間の価値が暴落することになった。

最終的には2004年の労働者派遣法改正で、解雇し放題、昇給のない非正規雇用者を採用できる派遣対象業務が大幅に拡大されたことが決定打となる。その労働の商品化を最も積極的に取り入れたのは、市民のためにあるはずの地方自治体だった。平成の貧困では、女性の貧困化に地方自治体が大きく加担することにもなる。

女性には出産や子育てがある。労働力として使いづらいのと、江戸や明治時代の頃から続く女性は夫の補助的な役割という保守的な家族観によって、非正規雇用の対象はまず女性がターゲットとなった。

ターゲットから逃れた中年男性たちは、女性や若者を人柱にして必死に自己責任論を叫び、必死にわが身を守った。女性の貧困は、国と企業の中年男性たちがタッグを組んで加速させたといえる。

貧困は負の連鎖を引き起こす「病」

貧困は経済的な貧しさを筆頭に、人間関係がない関係性の貧困、社会制度などを知らない情報の貧困と、要素が重なるほどに深刻になる。とくに家賃が高額な東京では貧困状態に陥りやすい。たとえば手取り15万円の非正規雇用者が家賃6万円の部屋で一人暮らしをすれば、実質的には「相対的貧困」状態にあるといえる。女性たちは問答無用で迫ってくる苦しさから逃れるため、長時間労働をしたり、性労働をしたり、ひたすら空腹に耐えたりする。

そして貧困は「病」でもある。自分自身が苦しいだけではなく負の連鎖を引き起こす可能性が高い。

シングルマザーで非正規雇用であれば、最低限の暮らしもままならないため、長時間労働に走り子供のネグレクトが始まる可能性もある。子供が母親を必要とする時期にそばにいなければ、母親を喪失した子供は非行に走ったり、学力が圧倒的に足りなくなったり、未来に影響が及ぶ副作用に苦しむこともあるだろう。いわば貧困の遺伝だ。その子供たちは、大人になると自分の子供に同じことを繰り返す可能性が高い。貧しくてただ消費ができないという問題では終わらず、負の連鎖を生み、社会全体がだんだんと壊れていくのだ。

平成中期以降、膨大な貧困女子が生まれた。仕掛けた国は中年男性たちと声を揃《そろ》え、貧困は自己責任とした。望まない売春、立ち直れない精神疾患、絶望から繰り返される自殺未遂……今日も日本のあらゆるところで貧困女子たちは苦しんでいる。貧困女子まみれの日本。これからどうなってしまうのだろうか。

目次

第二章 女子大生の貧困世界

第三章 熟女の貧困世界

第四章 非正規女子の貧困世界

第五章 シングルマザーの貧困世界

第六章 高齢女性の貧困世界

第一章

新型コロナとネオン街の貧困世界

2020年3月8日、シングルマザーの植松沙織さん(仮名・29歳)から悲鳴に近い電話があった。

中国・武漢で発生した新型コロナウイルス(COVID-19)が世界中に蔓延《まんえん》し、医療崩壊で医師たちが錯乱する姿が報道され、感染者が相次ぐ北海道では2月28日から独自の緊急事態宣言が発令されていた。

危機は北海道だけでなく、あっという間に全国に広がった。安倍晋三首相(当時)は3月2日から全国の小中学校、高校に「一斉休校」の要請をしていた。「なにかおかしい……」という不穏な空気が漂い始めたころ、植松さんから連絡がきた。彼女は昔からの知り合いで、沖縄県最大の歓楽街である那覇市松山で働くキャバクラ嬢だ。

「コロナでキャバの売り上げは激減です。出勤制限もされました。いつもは21時から朝5時まで働けるけど、今は22時から24時とか、22時から1時とか。時給2200円だから日給4400円にしかならない。本当にどうしよう」

2月は水商売、風俗業の閑散期で、例年すべてのキャバ嬢、風俗嬢の収入は減る。そんな時期にコロナ騒動は始まった。3月の売り上げは閑散期の2月からさらに4

～5割減という。訪日観光客によるインバウンド需要の激減と、コロナによる外出自粛が原因だ。

松山、国際通り、栄町市場など、那覇の主要な繁華街の人通りは激減。キャバクラの売り上げはモロに打撃を受ける。夜の世界は中長期的な経営はしない。売り上げが下がればすぐにキャバ嬢に出勤制限をかけてコスト調整をする。日当で稼ぐキャバ嬢は即日、収入減となる。

キャバ嬢は出勤前、自費で専門の美容室でヘアメイクをする。ヘアメイク代1300円、それに送迎代1000円。経費はキャバ嬢の持ち出しなので、日当4400円から経費を引くと、実質的な賃金は日給2100円、週4日出勤しても月収は3万3600円にしかならない。

「もう貧困とか、そういうレベルじゃない」

沖縄は最貧困県である。若年出産と離婚率が全国1位で、県民所得は全国最下位かブービーを行ったり来たりしている。

那覇市松山のキャバ嬢の多くは十代のシングルマザーで、ほとんどは子育てしなが専業で仕事をする。キャバクラの収入に児童扶養手当、児童手当を足した金額が世帯収入となる。

新型コロナ禍以降、減収となった沖縄のキャバ嬢は貧困状態に陥っている。一部は〝ディープ・プア〟状態のシングルマザーも現れている。ディープ・プアとは貧困を測る指標である相対的貧困ラインの、さらにその半分以下の収入を指す。餓死も想定される状態だ。

「もう貧困とか、そういうレベルじゃないんです。私だけじゃなくて、みんなそんな感じ。松山のキャバ嬢はシンママ（シングルマザー）ばかりだから、パニックです。私は県内に実家があるから、もう部屋は解約して実家に戻る。親と折り合いが悪いけど、どうにもならないから仕方ない。実家近くのキャバクラに移って、クレジットカードから借金してなんとか暮らします。こんなんじゃ、ゴールデンウィークまで生きることができるかわからない。あと、私が実家に戻ると、子供は小学校を転校になります。かわいそうだけど親子で生きていくためにはそれも仕方ないんです」

子供に生活環境の変化を無理強いしてまで、植松さんが夜の仕事にこだわるのは、沖縄特有の事情があるという。

「沖縄の昼職は、内地に本社のある企業に搾取されているんです。沖縄県民は最低賃金で働かされる。そんなお金で生活するのは無理。昼職では生活できないんです」

コロナでキャバでの収入が激減した植松さんは、たとえ親子で実家に帰ったとしても、夜で収入になるところを探すしかない。

「ほとんどの女の子は意地とかプライドがあるので、クレジットカードや消費者金融、闇金で借金しながらコロナが終わるのを待つと思います。一部の女の子は風俗堕ちです。でも、デリヘルも観光客頼りだから厳しい。松山の隣町に辻っていうソープ街があって、もう来月にはキャバと掛け持ちでソープで働く女の子が出てくると思う。沖縄はカラダを売るとバカにされるので、それは本当の転落です」

繁華街は貧困女性に対する再分配の場

新型コロナウイルス騒動で深刻なのは、日本7大都市と呼ばれる東京、横浜、名古屋、京都、大阪、神戸、北九州、そして札幌のすべての繁華街が大ダメージを受けていることだ。おそらく戦後、初めての事態だ。

繁華街は貧困女性に対する再分配の場であり、福祉や社会保障と同等か、それ以上に機能してきた。これまで日本には阪神淡路大震災や東日本大震災、熊本地震など数々の震災や災害があった。そのたびに、被災地には復興のために人が集まり、復興資金が夜の世界に流れ、貧困を起因として水商売や風俗で働く女性たちは恩恵を受けてきた。

今回のコロナ禍は震災や災害とはまったく違う。日本全国の経済活動がストップしている。とくに人が集まる繁華街は機能停止状態だ。当然、貧困女性に対する再分配機能も停止となり、歴史的に前例のない深刻な事態となっている。

前述したとおり、水商売は常に目先の利益が最優先であり、短期的な経営をする。風俗業も然《しか》りだ。時給のキャバ嬢はコロナで状況がおかしくなった即日に出勤制限がかかり、風俗嬢は完全出来高制なので大幅収入減となる。

一般的な労働者や法人は、コロナで3月、4月に働けなかったり納品できなかったりした場合、影響は翌月末、翌々月末に出る。即日影響が出る水商売、風俗業界と違ってタイムラグがある。さらに雇用調整金、休業補償などの国による支えもある。

とくにカラダを張って働く風俗の女性たちは、もともと深刻な貧困状態に陥っていることが多い。稼いで貯金をするなど、売り上げ上位の一部の女性にしかできない。

日本は平成以降に貧困化した。すでに繁華街の女性の供給は過剰であり、10年以上前から女性のカラダやセックスは深刻なデフレを起こしている。カラダを売っても貧困は解決せず、ギリギリの生活を強いられる女性が膨大に存在している。そのような危機的状況のなかで新型コロナウイルスが猛威を振るい、貧困女性、困窮女性たちのセーフティネットを破壊した。

平成の新自由主義路線で階層社会が完成された日本は、国を挙げて続々と自国女性を接客や性行為による労働に誘導したにもかかわらず、昭和時代からの名残を引きずっている風俗嬢たちへの偏見や差別は根強い。基本的に社会は彼女たちに「無理解」である。

男女の賃金格差をみればわかるとおり、日本には徹底された男尊女卑、男性優位の社会がある。なにかが起こると、まず男性は守られ、女性を転落させる。平成に起こった日本の貧困化は女性を風俗に堕とし、優遇された男性が女性の肉体を貪ることでようやく再分配が許されるという、それでなんとか回っていた。今回の新型コロナウイルスによって、その最後のセーフティネットも破壊された。電話口で嘆くキャバクラ嬢・植松さんの混乱は、日本の一般国民の来月、再来月の姿なのかもしれない。

「コロナが終わらなかったら、死ぬかな」

コロナ騒動は想像を超える勢いで広がった。3月29日、コメディアンの志村けんさんが新型コロナウイルスによって死亡した。最後に外出した場所は東京某所の高級クラブとされ、そこでの感染が疑われた。そして、30日には都内で感染者が大量発生したことで小池百合子都知事は臨時会見を開く。

小池都知事は感染爆発(オーバーシュート)の重大局面であることを訴え、「夜間営業の飲食店で感染が疑われる事例が相次いでいる」と発表し、カラオケやナイトクラブなどへの出入りを当面控えるように呼びかけた。

さらに4月1日、読売新聞が「歌舞伎町で十数人感染、キャバクラの女性従業員・風俗店関係者ら…実数はさらに多い?」と報じ、風俗嬢やキャバ嬢の間に激震が走った。コロナ騒動はただごとではない――この時点で社会の動向にさほど興味のない風俗・水商売の関係者全員が危機的状況を共有するようになった。

この報道で歌舞伎町から人が一斉に消えた。警察が歌舞伎町を見回り、プラカードや拡声器を掲げて自宅に帰るように呼びかける。訪日観光客を含めて1日8万〜9万人が訪れていた歌舞伎町は、本当にまったく人がいなくなり、見たこともない閑散状態となった。居酒屋、飲食店などは軒並みシャッターを閉め、ポツリポツリと行き場のない客引きだけが立ち尽くしていた。

昔からの知り合いの山野氏(仮名)が歌舞伎町でガールズバーを経営している。携帯に番号があったので見舞いがてら電話をしてみた。

「とんでもないことになったよ。歌舞伎町が一瞬でこんなことになるとは夢にも思わなかった。3月のコロナ騒動で売り上げ半減。で、都知事の会見と志村けんが死んだことでさらに8割減。売り上げは10分1。女の子に出勤制限して人件費を抑えるだけじゃどうにもならない。休業したほうがいいけど、家賃がある。正直、どうしていいかわからない」

銀行は風俗やアダルトビデオ、エロ本など、グレーな業種にはお金を貸さない。夜の世界の小規模店舗は怪しい筋からお金を借りて独立したりする場合が多い。債務者が法律の及ばない相手だと自己破産では免責にならないこともある。

「たぶん、都の休業協力金をもらうかな。家にある車とかカメラとかゲームとか売っちゃってお金をつくって、都の補償とあわせて家賃は払う。生活費は制度を頼ってなんとかお金を借りる。そんなんで切り抜けられるのは、せいぜい再来月（6月）まで。コロナが終わらなかったら、死ぬかな。死んじゃうかも」

彼の五体満足、無事切り抜けられることを祈るばかりだ。

政府は社会的弱者を真っ先に排除した

専業のキャバクラ嬢、風俗嬢たちは店が休業すれば即日生活苦となる。彼女たちはクレジットカードや消費者金融の借金で、女子大生風俗嬢は奨学金の増額などでなんとか金策を図っている。

4月上旬、社会福祉協議会の「緊急小口資金貸付（10万円が20万円に増額）」の存在が一気に風俗嬢たちに知れわたった。地域の社会福祉協議会にはあらゆる業種の人々が殺到し、風俗嬢たちは手続きの行列に並んで貸し付けを受けようとしている。しかし、風俗嬢たちは日当から源泉徴収が引かれていないことがほとんどだ。税の申告をしている風俗嬢はほんの一部であり、収入の証明ができないことで「融資を断られた」という話もチラホラ耳に入ってくる。

3月2日から全国の小中学校、高校が休校となった。それに伴い、厚生労働省は3月18日、「新型コロナウイルス感染症による小学校休業等対応支援金」という休業補償制度の申請受付を開始。子供の面倒を見るために休業を余儀なくされる親への補償金（1日4100円）だ。しかし、厚労省は暴力団関係者とナイトクラブ、風俗関係者は除外するという不支給要件を発表時に定めていた。

水商売、風俗業は貧困女性の集積する場所であり、貧困の巣窟だ。困窮が進行する社会的弱者を真っ先に排除する政策が施行されたのだ。4月に入ると、その差別的な施策が報道され、厚労省は大きな批判を受けた。加藤勝信厚労相は「（不支給の）方針を変えるつもりはない」と批判を突っぱねたが、西村康稔経済再生担当相、菅義偉官房長官は方針撤回を語るなど、政府内でも意見が二転三転した（4月7日に風俗関係者への支援を発表）。

歌舞伎町は本当に閑散状態となり、アウトローだった風俗関係者も国に救済を求めている。事態は日ごとに悪化している。もう1人、数年前に取材した熟女デリヘル勤務の女性にも電話してみた。

「もう、なにやっても無理です。政府は私たちに死ねっていっているのでしょうか。本当にどうしていいかわからない」

彼女は家賃5万5000円のアパートに一人暮らし。時給1030円のファミレスの仕事だけでは最低限の生活も送れず、1年前から熟女デリヘルで働き、ダブルワークをしている。

ファミレスは4月7日に発令された緊急事態宣言の影響で営業時間を短縮。彼女はシフトから外された。休業補償はもらえるはずだが、まだ手にしていない。熟女デリヘルは営業を継続しているが、売り上げは6割減だという。1日4000円、多くても8000円程度しか稼げない悲惨な状態だ。

格安系デリヘルはコロナ前でも待機時間を含めると、最低賃金を割るような深刻な低賃金状態にあり、さらにそこから6割減となるともう仕事として成り立っていない。

7都府県に緊急事態宣言が出された4月7日、ホームレス状態の人が寝泊まりするネットカフェに休業要請が出された。ネットカフェには都内だけでも、常時約4000人のネットカフェ難民がいるといわれる。行き場を失って公園や路上にホームレスがあふれることは確実と心配されたが、東京都はすぐに緊急対策に着手して、都が借り上げたホテルに無料で宿泊できるという制度ができた。

もう日本のどこを眺めても、コロナ以前の風景はない。いったいどうなってしまうのだろうか。一般国民よりも早く絶望に襲われるのは、日銭で働く夜の女性や風俗嬢たちだ。

外出自粛要請の渦中、筆者は壊滅状態に陥る歌舞伎町に向かうことにした。

緊急事態宣言下の歌舞伎町

2020年4月21日。緊急事態宣言下の新宿歌舞伎町は、閉園時間が迫った遊園地のようだった。歌舞伎町一番街のゲート下とセントラルロードの入口では、拡声器を抱えた新宿区役所職員が帰宅を叫び続ける。何十人もの警察官が動員され、歌舞伎町の通行人たちに睨《にら》みを利かせる。

街に足を踏み入れることをためらう不穏が漂う。ただでさえ少ない人々が諦めて駅方向へと折り返す。拡声器の声ばかりが聞こえ、目の前には見たことのない閑散とした風景があった。

筆者は19年前、44人が死亡した歌舞伎町ビル火災の翌日、同じ歌舞伎町一番街通りを歩いたことがある。十数時間前に大惨事が起こったにもかかわらず、歌舞伎町は何事もなかったかのように活況を呈していた。ここは東洋一の欲望の街と呼ばれるように、戦後から常に圧倒的なエネルギーを放ち続け、なにが起こっても灯《あか》りが消えることはなかった。しかし、2020年4月21日の歌舞伎町は、瀕死《ひんし》の状態に陥っていた。

拡声器の声を浴びながら歌舞伎町一番街のゲートをくぐった。飲食店、居酒屋、ラーメン店などの看板は灯《とも》っているものの、営業はしていない。そんななか風俗案内所は営業を続け、わずかに営業する居酒屋はどこもほぼ満席状態で、3密状態となっていた。

歌舞伎町一番街を抜けると、街の新しいシンボルであるゴジラがそびえる新宿東宝ビルがある。2010年代に新宿コマ劇場の跡地に再開発された近代的なビルデイングだ。その目の前、歌舞伎町の中心にはシネシティ広場があり、映画館を中心とした大型店舗で囲まれ、そのすべてが営業を自粛。シネシティ広場には少年少女がほんの数人いるだけだ。

新宿コマ劇場時代から、歌舞伎町の中心にあるシネシティ広場周辺は、関東各地から訳ありの少年少女が集まる場所だ。ここは未成年売春や売春スカウトの温床となっている。昼間はシネシティ広場周辺で時間を潰し、夜になると男性客を相手に売春をして雨風を凌《しの》ぐような少女が、昭和の時代から現在まで一定数存在した。しかし、そんな少女たちもコロナでほぼ消えた。

閑散とした歌舞伎町にポツリポツリと立っているのは客引きだけだ。数えるほどしかいない通行人に必死に声をかける。この状況で客引きに引っかかる人がいるのか。瀕死の歌舞伎町でネオンを浴びて遊びたい、そんな希少な人間を客引きはあてもなく探し続ける。

次に新宿ゴールデン街に向かった。誰ひとりいなかった。静寂。足音すら聞こえない。ここ数年、観光地化してインバウンド需要がすごかったゴールデン街は人まみれだった。今日のように誰もいないゴールデン街など見たことがない。ほぼ全店が都による休業要請を受け入れたようだ。要請に応じた中小事業者には「感染拡大防止協力金」の50万円が支給される。ゴールデン街の小さな店舗ならば十分な金額であり、足並みがそろったようだ。

21時5分。無人となったゴールデン街の写真を撮り〝歌舞伎町、閑散〟と文字を入れてツイッターに投稿した。

待機所の風俗嬢の数は通常の3倍以上

22時00分、歌舞伎町から出てアルタ前に向かう。山野氏から紹介してもらったデリヘル嬢・三浦琴乃さん(仮名・24歳)と待ち合わせた。現れた琴乃さんの服装はコンサバ系、黒髪、ナチュラルメイクの真面目そうな女の子だった。

「収入はすごく減っています。新宿中心のデリヘルです。今まで月60万~100万円は稼げたけど、4月は20万円くらいしか稼げてない。3月からお客さんがどんどん減って、今は信じられないくらい減って待機所は女の子だらけです。フリー客がほとんど入らなくなって、来てくれるのはリピート客だけ。新規の人はほとんどいません」

新宿駅近くにある雑居ビルの2DKが待機所だ。待機している風俗嬢は通常の3倍以上、人だらけの3密でくつろげない。吉原を筆頭に店舗型風俗が続々と休業となって、デリヘルに風俗嬢が流れた。外出自粛要請で男性客が5～6割減となったなかで、在籍女性ばかりが日々増えていく。明らかな供給過剰となっている。

外出自粛要請のなかで外出し、指名するのは三浦さんに会いたいリピート客だけだ。三浦さんが在籍しているのは集客力のある人気店舗であり、これまではフリー客がメインだった。売り上げは激減した。

「私、フリーが多かった。たくさんついていた。稼げなくなったら生活ができないので、女の子たちは待機時間を延ばす。稼げるまで帰れないみたいな感じなので、どうしても待機が長くなる。だから、待機所は女の子だらけ。先週から通常は男性スタッフしか入れない部屋も待機所になって、それでも足りない状態ですね。落ち着けない場所で長時間いるので疲れます」

今彼女は仕事帰りだ。今日は朝9時から22時まで13時間待機し、客が来れば指定されたラブホテルへと向かう。そして性的サービスをして待機所に戻る。今日、接客したお客は2人、1万8000円にしかならなかった。コロナ前だったら12時間待機すれば、たいてい3万円以上は稼げていた。

「借金あるんです。お金を返さなきゃならないから休めないし、支払いがあるから稼げるまで粘るしかありません」

彼女はなかなかの美人である。しかし、感情や表情の起伏が薄いという印象だった。疲れているのか、機嫌が悪いのかわからなかったが、どうも風俗嬢の仕事は「できればしたくない」ことが理由のようだった。

ちなみに2000年代半ば以前は、風俗嬢の働く理由は借金が多かった。しかし今、借金は主流ではない。貸金業法の法改定や総量規制で消費者金融が下火になったことが理由だ。それ以降、日本に貧困が蔓延してしまった。今の風俗嬢はほとんどが本業だけでは生活ができない、という理由で働いている。

「そりゃ、風俗なんかで働きたくないです。最初から嫌だったし、今も嫌だし、全然慣れることはないです。情けないし、心が削られるっていうんですか。そんな感じ」

どうして嫌々風俗をしているのか、それを聞いていく。

高校を卒業して専門学校に進学した。やりたいことはなにもなかった。手に職をつけようとなんとなく需要がありそうな医療福祉系を選んだが、自分自身は医療福祉にはなにも興味はない。

在学中の19歳のとき、繁華街のカフェでバイトした。そこで7歳年上のイケメン男性客に声をかけられて、何度かデートして告白。恋人関係になった。

「3年間、付き合っていました。その人が結婚詐欺っていうか。奥さんがいた。借金の保証人にさせられて借金を背負っちゃいました。仕事はスタイリストでカッコよくてお洒落ではあったかな」

専門学校卒業後、医療法人に事務員として就職した。非正規である。給料は手取り13万円程度と安く、社会人になってもやりたいことはなにもなかった。そんな人間が低賃金なのは仕方ないと思っていた。

実家から職場である病院に通っていたので、低賃金でも困ることはなかった。ただ5年後、10年後を想像すると少しだけ不安になる。誰かと結婚するという道しか浮かばなかった。

「彼氏がカッコよくてお洒落、その人と結婚して生きていければいいかなみたいな。お父さんは普通のサラリーマン、実家は3世帯で、母親は家にいなきゃいけない家でした。だから、イケメンと結婚して家を出て自立するのもいいかもって。彼氏は意識が高くて『今は誰々さんの下で修行中だけど、近いうちに起業する。自分の事務所を立ち上げる』みたいなことをいつもいっていて、私は頑張ってと。相手の夢を応援したいみたいな気持ちは少しあったかも」

500万円の借金返済

閑散とする新宿駅東口の交差点。信号が変わるたびに移動する、極端に少ない人の行き来を眺めながら、三浦さんの話を聞いている。

彼女はスマホを取り出して、所属する店のホームページを出した。A（18歳）という名前の女の子が彼女だった。本人を目の前にしても目線の先にある写真が同一人物なのかわからない。説明するまでもないが、風俗店のプロフィールは基本的にすべて嘘だ。なにもかも嘘を並べて、さらに写真は加工する。日本人はロリコンが多いので、嘘をつける限界まで年齢は下げるのが通例だ。

〈うぶ美少女『Aちゃん』彡 ロリフェイスと美乳、弾力美乳Dカップに興奮(*'▽')元気

いっぱい明るい親しみやすい性格でニコニコ笑顔好感度↑↑磨けば磨くほど輝いていく美少女♪♪Hについては勉強熱心！！！〉

少し文面を変えたが、ホームページの自己紹介にはテンション高めにそんなことが書いてあった。

「風俗店ではエッチなことに興味ある元気いっぱいな18歳みたいな設定です。初めてで緊張しているけど、エッチなことには興味ある、経験ないからいろいろ教えてあげてください、みたいなスタンスです。嘘つくのは大好きなんですよ。だから店では嘘ばかりペラペラしゃべっています。去年まで高校生だったとか、部活は野球部のマネジャーだったとか。適当なことをいっていないと気持ちがつらくなっちゃうから」

3年前、自称スタイリストの彼氏と結婚しようという話になった。彼氏は三浦さんの親に会いにきて結婚前提で付き合っている、という挨拶と報告をした。

「彼氏が結婚を機会に独立するって話になった。銀行からお金借りるから保証人になってほしいっていわれて、連帯保証人になった。それとお金を貸してほしいっていわれて貯金100万円くらい貸した。金融機関は信用金庫かノンバンクかよくわからない。でもサインはした。それでサインして100万円を貸してしばらくしたら彼氏は消えたんです」

金融機関から彼氏からの支払いが滞っているという連絡がきて、次は弁護士から請求が届いた。500万円の借金を返さなければならなくなった。

「それで2年前から風俗です。病院の仕事は辞めました。実家にいながら風俗勤めはしづらいのでアパートを借りて、そこは家賃5万円です。最低限の生活と借金を返すためだけの風俗専業です。返済は分割で月10万～20万円くらい。コロナ前だったら返せたけど、今は生活もできないくらい収入が下がっちゃったのでもうどうしていいかわかりません。こんなのがずっと続くのでしょうか。もう、なにも見えないです」

涙目になっていた。いちおう、お金がなければ無理して返す必要がないことは伝えた。破産や任意整理の知識はなにもないようだった。

「彼氏に対しては、もうなにも思ってないです。ただいなくなったときは、ただただ悲しかった。嘘だったことが悲しかった。風俗はやりたくないし、気持ち悪いです。何十人、何百人の客を相手にしても慣れない。そういう行為が気持ち悪い。会ってすぐに、客の全部が気持ち悪いです」

風俗嬢になってから恋愛はしていない。みんな嘘をついているように見えるし、毎日誰かと性行為をしている自分のことも〝汚い〟と卑下するようになった。風俗嬢になってから毎日絶望感に襲われてつらかったが、コロナ騒動が起こってその気持ちがもっと強くなったという。

23時。三浦さんは帰宅した。一人暮らしのアパートは埼玉県にあり、交通費がかかる。風俗嬢は業務委託なので交通費も食費もなにもない。1日働いて1万8000円、交通費やコンビニなどで買う食費を引くと残るのは1万5000円程度か。数百万円の借金はとても返済できない。裸やセックスという最終手段をお金に換えて返せないのだから、もうどうにもならない。

2年前に出会った歌舞伎町〝ネカフェ女子〟

三浦さんと別れた後、アルタ前から諏訪沙織ちゃん(仮名・22歳)に電話をかけた。沙織ちゃんは2年前に一度取材したことがあり、当時は歌舞伎町のガールズバー店員だった。童顔でかわいらしい女の子だ。

「あの後、部屋を借りることができて、なんとかやってきました。店はいくつか変わったけど、ずっと歌舞伎町のガールズバーです。でも、コロナで出勤制限がかかっちゃって、もう東京で暮らせない。だから諦めました。1週間前、島根に帰ってきたんです。カニとか牛とかは絶対に嫌だったので、仕事を頑張って探して農家でバイトしていますよ。キノコ栽培です」

沙織ちゃんと出会ったのは、なんとなく入店した西武新宿駅近くのガールズバーだった。開店したばかりの早い時間だったからか、店は暇そうだった。ぽつんとカウンターの中に立つ彼女はダルそうに働いていた。そして、客として彼女の目の前に座った筆者は、彼女に話しかけられた。

「この店で働いて1カ月くらいかな。ホームレスでも雇ってくれて本当に助かってる。そうそう、私、ホームレスなんですよ」

1カ月前に島根県から上京、順調に部屋を借りることができなかった。上京したその日からネットカフェ難民をしていると彼女は語った。

「本当にホームレスで、今住んでいるのは近くのＧってネットカフェ。疲れがとれないし、キツイ。地元は島根県なのね。地元は本当に仕事がない。終わっています。地元の高校を卒業しているけど、就職するならカニ加工か、農協か、介護しかない。選択肢はそれだけ。同級生の7割くらいは高校卒業したら、地元を捨てて広島とか岡山に行っちゃいます。だから地元に残っている人たちはカニ加工して、適当な恋人つくってエッチして、翌日またカニ加工して、給料が出たらたまに１円パチンコか5円スロットして、できちゃった結婚みたいな。親とか祖父母の世代から県民はみんなそういう人生で、それになんの疑問ももたない。退屈が濃縮しているみたいな感じ。私、なんとなく、島根県に絶対にいたくないなって思ったの」

ブラック労働で精神を病《や》んだ

この西武新宿駅近くのガールズバーは身分証明書や住所がなくても、日払いで働くのがＯＫだった。沙織ちゃんは近くのネットカフェから出勤し、カウンターの中に立っていた。時給１５００円、１日７５００円だ。昔から歌舞伎町には地方の高校を卒業したばかりの女の子や、家出少女などが集まる。身分証明書の提出を求めてこないガールズバーは、東京に地縁のない地方出身の女の子たちのセーフティネットになっていた。

「本当にメチャクチャです。今のままだと、まずいです。どうにかしないと死んじゃいます」

いったい、なにがあったのか。勝手に自分語りする沙織ちゃんの話に耳を傾けた。

「高校卒業してまず島根のブラックラーメン屋に就職して、1日18時間労働させられて精神疾患になっちゃったんです。Dって薬あるじゃないですか。Dをオーバードーズしたらおかしくなって。もっとたくさん飲んだら楽になるかなって軽い気持ちだった。たくさん飲んだところまでしか記憶になくて、お母さんがいうには、家で涎《よだれ》をダラダラ垂らして暴れて、慌ててクルマに乗せて病院に連れていったって。でも途中で、そのクルマから飛び降りちゃったんですよ、私。記憶にないけど、気づいたら何カ所も骨折してて、病院のベッドの上でした」

就職したのは、地元では有名なラーメンチェーンだった。出身高校にはカニ加工、介護、農協、そしてラーメン屋の求人が来ていた。第一志望の農協は面接で落ちた。そして、ラーメン店を選んで新卒で入社している。

「入社した頃はちゃんと人がいた。シフト通りに1日8時間働けば帰れたけど、当時の店長がグチャグチャな人で、どんどん人が辞めちゃった。誰もいなくなって新しい人が来なくて、それで最終的に18時間労働になっちゃいました。私が踏ん張らないと店の営業ができなくて、主婦パートの人とか路頭に迷うので、頑張って働いたの。したら、朝9時から深夜3時までみたいな勤務になっちゃって、いっさい休みなしで3カ月間くらい働いたら精神が壊れちゃった。自分がなにを喋っているかわからなくなって、接客はできるけど、起きている間ずっと接客しかしていないわけ。人とコミュニケーションをとらなくなって現実感を失って、ランナーズハイじゃないけど、なにかラリっているみたいな。そのときは未成年だったけど、お酒に逃げるみたいな状態になって、たぶんアルコール依存症みたいな。最後のほうはお酒飲みながら仕事、みたいな感じでした」

新卒入社にもかかわらず、会社と雇用契約書を結んだ記憶はない。労働時間にかかわらず、毎月手取り23万円が振り込まれた。田舎の未成年にしては給与は高かった。しかし、人手不足から正社員の18時間労働が始まり、3カ月で自分自身が壊れてしまった。

「ラーメン屋を辞めたのは半年前くらい。で、しばらく療養してた。でも、働かないわけにはいかないので、介護施設に入職した。初日からワンオペで16時～翌朝10時までの夜勤っていわれて、さすがに無理ですって何度もいいました。そうしたらデブでハゲの変な介護職のおじさんに、怒鳴り散らされて追い帰された。だから、介護施設での勤務は実質45分くらい。もう、島根は本当にダメだと思った」

「上京」という貧困トリガー

最近、歌舞伎町のガールズバーは風営法を遵守する。雇用時の身分証明書提出や年齢確認は厳しい。

どの店もとくに未成年を雇わないように気をつけている。写真付きの身分証明が提出できないと働くことはできない。しかし、彼女が働いていた店は労務管理やコンプライアンスにはいい加減で、外見重視でそれなりにかわいければ誰でも雇っていたようだ。

店内には彼女ともう1人、店外には路上で客引きする女の子が2人いるらしい。「店外にいる2人は、どうみても未成年。アンダー18歳だと思うよ。この店、メチャクチャだよ」と彼女が吐き捨てる。

「中学時代の同級生が群馬にいて、20歳になったら上京するからシェアハウスしよう、みたいな誘いがあったの。東京だったら田舎より仕事あるし、高卒でもアルバイトでも、シェアハウスだったら家賃がそんなにかからないし、いい話だと思った。その子は中学時代の数少ない本当に仲のいい子で意気投合したんです」

沙織ちゃんは母親に上京することを伝え、家族は送別会を開いてくれた。東京で頑張って、と励まされた。

「東京に出てきた初日、その子から〝ごめん、昨日乳がんになっちゃって東京に行けなくなっちゃった〟ってLINEがあった。マジでその一行だけ。それで着信拒否されちゃった。シェアハウスを契約したのはその子だし、飛んじゃった状態で途方に暮れました。お金も片道の交通費しか持ってなくて、帰れない。どうしようって。その子が契約した家もどこにあるかわからない。着信拒否だし」

ラーメン屋で精神疾患を患ってから、ほとんど働いていない。島根の自宅を出るとき、手持ちの現金は2万円しかなかった。預金はない。シャアハウスの初期費用は友達に借り、あとから働いて返すという約束だった。片道の交通費は1万3000円かかった。

東京での初日、残っているのは7000円だけ。ラブホテルに泊まることもできない。その日から漫画喫茶で暮らすことになった。漫画喫茶は安いところでも一泊2000円はかかる。東京3日目。ネットカフェで2泊して、食べ物は立食いそばと吉野家の豚丼だけにして、なるべくお金を使わないようにしたが、残金は2000円を切った。東京の土地勘はゼロで、どこになにがあるのかわからない。

本当に途方に暮れて歌舞伎町を歩いていたとき、このガールズバーの客引き男にナンパされた。事情を話したら、「じゃあ日払いで払ってやるからカウンターに立っていろ」といわれた。それが筆者と出会う2週間前のことだった。

母親の〝売春〟カミングアウト

沙織ちゃんは母子家庭育ちだ。母親は派手な美人タイプで、保険の仕事をしているといっていた。しかし、家にスーツみたいな正装は一着もないし、保険の書類も見たことがなかった。中学生の頃からずっとおかしいと思っていた。

「島根を出る前日、ママに挨拶したのね。しばらく東京で暮らすからって。そうしたらママ〝本当にあなたの部屋が空くのね〟ってすごく喜んで、東京で頑張っていいよ、いいよってすごく盛り上がっていた。そのとき、〝今まで子供だったからいわなかったけど、あなたのことは援助交際で育てたのよ。それと風俗。大変だった〟って。驚いたけど、ああ、やっぱりみたいな。ママは私の前ですぐに誰かに電話して〝子供がいなくなるから、自宅にいつでも来ていいわ〟みたいな話をしていた。男でしょ。それから、アイドルになるといって広島に行ったお姉ちゃんからもメールがきて〝あんた家出るんだって。じゃあ、あんたの部屋をヒロくんと使うね〟って。ヒロくんって彼氏みたい。だから実家にも帰れないの」

まだ上京して2週間だが、もう実家には母親の愛人が入り浸り、自称アイドルの姉がファンの男を彼氏にして、広島から島根に戻った。

「このガールズバーに拾ってもらって1日7500円の稼ぎだけど、どんな節約してもネットカフェと食費で1日4000円はかかる。帰る場所はない。だからなんとか1日3000円貯めて、東京で部屋を借りるしか生きる道がないんです。だから事故物件って安いんですよね？　だからネットカフェで事故物件を探しています。敷金礼金なしで、月2万円くらいの家とかないかなぁ」

「東京はもういいです」

4月7日、新型インフルエンザ等対策特別措置法に基づき緊急事態宣言が発令された。遊興施設、運動遊戯施設、劇場等、大学学習塾、床面積が1000平方メートルを超える商業施設などが休業要請の対象とされた。

遊興施設とはキャバレー、ナイトクラブ、ダンスホール、バー、ダーツバー、性風俗店、デリヘル、個室ビデオ、ネットカフェ、漫画喫茶、アダルトショップ、カラオケボックス、ライブハウスなどで、ネットカフェの休業要請が真っ先に問題となった。ホームレス状態でネットカフェで暮らす〝ネットカフェ難民〟が常時約4000人は存在するといわれ、彼らの行き先や処遇が問題となった。

ネットカフェ難民は日雇い労働者、非正規労働者、失業者などさまざまだが、もっとも多いのは沙織ちゃんのような東京で住所を持つことができなかった地方出身の若者たちである。

筆者はリーマンショック時のようにネットカフェ難民は放置されると想像していたが、東京都はすぐに予算1200億円を組み、500人分の住居の確保を発表した。東京都がコロナ禍で稼働がないビジネスホテルを借り上げ、ネットカフェや漫画喫茶の会員証を提示するだけで無償で寝泊りができるという施策だった。

本当に素早い対応に驚いた。行政が動かなかったら都内はホームレスであふれる可能性があったが、最悪な事態は起こっていない。

新宿アルタ前。2年前に取材した沙織ちゃんに電話をしている。ガールズバーで話を聞いたとき、どこかで使えるだろうと連絡先を聞いていた。

「コロナで4月1日からまったくお客さんが来なくなって、すぐに出勤制限。その日は21時で帰されました。それからLINEがきて、もうしばらく来なくていいって。結局、店は休業しちゃいました。こんな時期なので仕事なんてなにもないし、東京で暮らすのは諦めました。1週間前に島根に帰ってきて、実家の近くに3万円のアパートを借りることができた。仕事はすぐに見つかって、まだお給料をもらってないけど、キノコ農家で働いていますよ。時給800円。まあいいです。仕方ないです」

ネットカフェ難民から始まった東京での2年間の生活は、目先のことに追われるだけだった。「東京はもういいです。しばらくいい。島根は嫌だけど、田舎でゆっくりします」と彼女はいっている。

池袋〝売春地帯〟で生きる

2020年5月1日、12時。池袋で街娼(立ちんぼ)する三輪美香さん(仮名・39歳)と会うことになった。コロナによる影響を聞くためで、再び池袋に向かった。

ゴールデンウィーク真っ只中のこの時期、不要不急の外出自粛要請は佳境を迎えていた。小池百合子都知事による「ステイホーム」の呼びかけは、大きな反発が起きることもなく都民に浸透し、電車は空席だらけだった。池袋駅西口のスクランブル交差点には数えるほどしか人がおらず、1日約264万人の乗降客がある巨大歓楽街・池袋とは思えない風景が広がっていた。都民による自発的な自粛とソーシャルディスタンスは徹底されていた。

マスコミや〝自粛警察〟と呼ばれる市民たちは、パチンコ店や営業を続ける店舗を攻撃し、インターネットには「自粛」を非難する人々への誹謗中傷があふれていた。昨夜(4月30日)には、東京都練馬区のとんかつ店店主の男性が焼身自殺したという報道があった。東京オリンピック延期や新型コロナによる営業自粛を悲観してのことだったという。この店主は、東京オリンピックの聖火ランナーに選ばれていた。

筆者は静かな池袋を眺めながら、日本は元の姿に戻るのだろうかという不安と少しの恐怖を覚えた。

池袋駅西口にある街娼スポット

「立ちんぼ？　北口にいるのは中国人と台湾人、日本人はずっと前から西口駅前って決まってるんだよ」

美香さんは挨拶もしないうちに、やや乱暴にそう吐き捨てた。彼女は二十代から15年間以上、池袋駅西口に立つ街娼だ。池袋駅西口には街娼スポットが2カ所あり、彼女はそのどちらかにいつもいる。

池袋駅西口前で待ち合わせていた。美香さんは巨漢なのですぐにわかる。目が合った。挨拶するわけでなく、自然と「その場所」に足が向かっていく。

街娼は違法行為なので女性たちは一般社会とは隔絶されている。長年、その世界で生きる美香さんとは、顔をあわせて挨拶し、主旨を説明して協力してもらうというような一般的な取材者と取材対象者のような感じにはならない。まず大前提として、筆者が〝書籍執筆のために取材している〟という社会的行為そのものに、彼女はまったく興味がない。

街娼というと夜や暗闇をイメージするが、池袋の街娼は陽の当たる場所で昼間に活動する。筆者は池袋を日常的に通行するので、「その場所」を何十回、何百回と見たことがあるが、強烈に陽当たりのいい場所で、イメージは海水浴場に近い。10時から16時が主な活動時間だ。池袋の街娼たちは夜や深夜まで客を待つことはない。午前中、彼女たちはそれぞれが暮らす場所から街娼スポットに〝出勤〟する。アパートで暮らす単身女性もいれば、ホームレスやネットカフェ難民もいる。そして、午前中のうちに顔なじみの暴力団員が集金にやってくる。彼女たちは黙って暴力団員に1000円札を1枚渡す。

いわゆるショバ代と呼ばれる〝みかじめ料〟で、1000円は池袋駅西口で1日、客をとるための料金だ。街娼専業の常連、副業の非常連を合わせて池袋には数人〜十数人の日本人街娼がいる。彼女らは全員、ここで客をとるときはショバ代を支払っている。

ここで美香さんの外見、風貌を伝えておこう。ものすごく太っている。おそらく体重は120キロを超えているだろう。今日は前面にキャラクターがプリントされたマタニティー用のシャツを着ている。そして、手づくり風の布マスクを顎にかけている。巨乳だ。大きな胸は垂れているのか、お腹のあたりが膨らんでいる。ひと目でブラジャーをしていないことがわかる。そして、歯がない。しゃべりながら見える範囲の歯は、1本もない。歯がなくても滑舌が悪いことはなく、言葉は普通に聞きとることができる。昭和56年生まれで、39歳だという。

実は美香さんと会うのは二度目で、以前にも話したことはあるが、街娼という職業柄なのだろうか、家庭や仕事、雇用など社会全般への興味がいっさいなかった。恋愛だけには若干興味があるようにみえたが、一般社会への興味がないためか〝女性の性〟を売っているという意識、自分の商品価値を上げるみたいな意識はまったくない。歯がなくても下着をつけていなくても、なにも気にしていない様子だった。

39歳の〝大型アイドル〟

「池袋はすごくいいところ。本当にいい。ヤクザはうるさくないし、仲間はたくさんだし、毎日楽しいし」

美香さんは歯がない唇を開けて、今日初めて笑った。すぐに池袋駅西口近くにある街娼スポットに到着する。男性と女性が大勢いる。男性はボロボロの布をまとったホームレス風、発泡酒を片手に大きな声でしゃべる泥酔者、高齢者。多くの生活用品を自転車にくりつけて移動するホームレスもいた。

そして、その集団の中に女性もいる。極端に太った体躯《たいく》の大きな女性、髪の毛を長年洗っていないと思《おぼ》しき老婆、歯がない中年女性など、男性も女性も「一般的」といえるような人はまったく見当たらない。

美香さんが到着すると、彼女の名前を叫びながらわらわらと複数の男性たちが群がってくる。酔っている男性が多く、なにか宴会のような雰囲気だ。筆者は少し離れた場所から彼らを見ていたが、大声で語りまくり、時に絶叫し、笑顔まみれで楽しそうだ。完全に3密状態であり、新型コロナ感染や不要不急の外出自粛要請みたいなことは、まったく気にしていない様子だ。

この宴会のような集《つど》いは池袋駅西口のとある場所で、晴天時には毎日行われている。筆者が1週間ほど前にここを通ったときには、彼らの横で豊島区役所職員が拡声器でステイホームや不要不急の外出自粛を呼びかけていた。職員は汗まみれになって叫び続けていたが、彼らは誰ひとりとして気に留めていなかった。

15分くらい経っただろうか。美香さんに群がる高齢男性の1人が笑顔で叫びながら、彼女のノーブラの巨乳を揉みだした。お腹のあたりの巨乳がブラブラと揺れる。流れに任せて別の高齢男性がもう片方を揉みだして、もはやフィーバー状態である。美香さんはこのセクハラ、痴漢行為を気にする様子もなく、何事もなかったかのように笑っている。

男性たちの年齢は55～75歳くらいだろうか。宴《うたげ》を繰り広げるのは午前中から夕方まで。一般的な社会人であれば労働時間である。彼らの属性は無職、日雇い労働者、ホームレス、生活保護受給者、独居老人など。

生活保護者や独居老人は主に豊島区、板橋区、北区、そして東武東上線や京浜東北線沿いの埼玉県在住で、そこから池袋駅西口に集まってくるようだ。午前中から顔見知りと談笑し、酒盛りしながら盛り上がり、気が向いたらすぐ隣にいる街娼を〝買う〟こともある。

一方、女性の年齢は45～65歳くらいか。三十代は美香さんだけだろう。年齢が若いことで男性たちに一番人気のようだ。彼女がこのスポットに現れると、男性たちがすぐにわらわらと集まってきて彼女を取り囲む。そして盛り上がる。彼女はアイドル的な存在であり、太っていても、歯がなくても、まわりの評価は高い。彼女にとって居心地がよく、そのため街娼をずっと続けているのだろう。

午前中から酒盛りする人々は、異様な雰囲気を醸しだしている。少なくとも「普通」ではなく、貧困層みたいなイメージはひと目でわかる。そのスポットは繁華街、大通りに面していて、一般通行人もメチャメチャ多い場所である。貧困が可視化されているのだ。美香さんを筆頭に常時数人いる街娼たちは、ただその場にいる仲間うちだけではなく、通行する誰かしらからも声をかけられる。そして、価格交渉してホテルや公衆トイレなどに移動して売春をする。

街娼から男性に声をかけることはない。買いたい男性が寄ってきて、街娼は価格を伝えて応じるだけだ。営業や営業努力みたいなことは基本的に必要なく、日々、宴をしながら遊び半分やノリでお客をとり、肉体関係を通じて相手からお金を渡されている。そのお金で生きていけるようだった。

男性たちも街娼も、社会的な常識や世間の目、他人との競争、自分をよく見せたい自意識などから解放されている。池袋駅西口にいる男性や街娼は不幸どころか、とても幸せそうに見えた。

第二章

女子大生の貧困世界

この十数年、大学キャンパスは貧困の巣窟だ。学生たちは日本が選択した新自由主義路線によって、あらゆる方向から割を食っている。具体的には雇用政策による親の収入減、学費の高騰、親の無理解による給付放棄、そんななかでコロナショックに襲われている。ただでさえ苦しいなかでオンライン授業を強制され、生活のかかったアルバイト先はなくなり、楽しみにしていた成人式は奪われ、それでも容赦なく高額な学費納入を迫られている。

貧困と夜の街は密接につながっている。だいぶ前から夜の街は学生だらけとなっている。勉強よりまず生活費を稼ぐことを求めたことによって、学生たちは大挙して夜の街に流れた。しかし、濃厚接触を売る夜の街も、新型コロナの影響を大いに受けている。3密状態になる水商売は営業ができなくなり、執拗にクラスターを報道され、感染者の感染経路となったことで夜の街からいっせいに人が引いた。夜の街で働く学生たちの現状は、今いったいどうなっているのだろうか。

筆者は長年、風俗嬢、また売春的な行為をする女性の取材をしている。その理由は、彼女たちが社会の現状を投影しているからだ。社会のありようは政治・経済に影響され、そして女性たちが裸になる理由につながる。社会、政治・経済、裸の女性はトライアングルになっていて、彼女たちの語りから社会の欠陥が見えてくる。戦後の日本で戦争未亡人の売春が大流行したように、売春的な行為には貧しさが前提にある。社会が安定しているときに行われる売春は、過剰な消費や男に騙されたというような自己責任的な理由が増える。逆に社会が不安定なときは、就業する女性や学生が生活のために従事する傾向がある。今の状況は圧倒的に後者である。

今、風俗嬢に女子学生があまりに多い。仮にリアルなデータがとれれば衝撃的な結果となるはずだ。男女関係なく、学生は親の協力や給付がなければ一勢に困窮状態となる。困窮する学生は空腹で飢えるわけでも、汚い服を着ているわけでも、スマホを持っていないわけでもない。その苦しさは可視化されない。見えないので親の協力がある恵まれた学生や、大学関係者は身近な隣人の過酷な現実を理解できない。もうひとつ、風俗嬢は社会からの差別や偏見が強い職業なので閉鎖性が強いことも理由だ。誰もが人に隠しながら働いている。隠れて姿を見せない。

緊急事態宣言中の2021年2月、風俗関係者や現役学生、エンタメに強い担当編者などさまざまな協力の下で女子大生風俗嬢たちに会ってきた。今、日本でなにが起こっているのか? 彼女たちの語りから見えてくるはずだ。

深刻な貧困状態にある女子大生

2020年3月9日の夕刻。永田町の議員会館。ある衆議院議員の先生に〝大学生の貧困〟の現状報告に行った。東京六大学在学中の現役女子大生を同道し現状をそのまま語ってもらった。筆者はエンタメ出身のライターで国会議員と接するような立場ではないが、この数年、日本の行きすぎた貧困化と階層化がきっかけとなって社会状況が変わっている。その変化からこのような状況になった。

我々エンタメ系のライターや編集者は貧困層や社会底辺の知見に関しては、長年の蓄積がある。これまで議員などに対しては、ブランディングが成功した社会活動家や大手新聞の記者など、〝上流〟同士で情報交換がなされてきた。だが、平成時代の壮絶な日本の貧困化で情報が追いつかなくなったのか、筆者は底辺の人々の実情や生活、動向に関して、この階層から聞かれることがここ数年で増えてきた。

現在、日本は勤労世代(20〜64歳)の単身女性の3人に1人、シングルマザーの50

%以上、子供の7人に1人が貧困状態にあるといわれている。なかでも深刻な状態に陥っているのが現役大学生だ。大学の制度変化や高齢者優遇の潮流、親世代の無理解などの事情が重なって、10年ほど前から一般女子学生が続々と風俗や売春へ、男子学生は犯罪に加担する仕事を余儀なくされている。もはや風俗や水商売の現場は、現役女子大生まみれだ。正直、異常なことになっている。

現役女子大生だらけのピンサロ

永田町の議員会館に一緒に行った三宅亜梨子さん(仮名・21歳)は、東京六大学文系学部の3年生。九州出身で大学近くのワンルームマンションに一人暮らし。大学で真面目に勉強しながら、夕方以降は中央線沿線にあるピンサロでアルバイトをする。ピンクサロンとは男性客を口淫によって〝抜く〟、古くからある店舗型性風俗の形態だ。報酬が安く不衛生なこともあって、性風俗のなかでは底辺的な存在といえる。

「ピンサロで働き始めたのは大学2年の夏休みからです。どう考えても大学生を続けるためには、もうそれしかないって判断でした。○○駅近くのピンサロで30分8

000円の店、時給2000円。基本時給に指名料や歩合給がつきます。コロナ前だったら1日2万円くらいは稼げて、今はその4割減くらい。仕事内容はお客1人につき30分で15分しゃべって15分でプレイとか。5分だけでパッと抜いちゃってバイバイとかもありますし、いろいろ。ウチの店は若い女の子売りで有名店みたいで、マジで若い女の子しかいないですね」

議員先生が知りたいのは、現役女子大生の過酷な状況だろう。筆者も三宅さんとは会ったばかりで、個人的な事情はわからない。議員や秘書の方がどんな質問でも投げることができる雰囲気をつくり、解説しながら、筆者はいつもどおり「どうして風俗嬢をしているのか?」をテーマに話を聞き進めた。

この日は緊急事態宣言発令の前、まだ都内の風俗店は何事もなく営業していた。

「店の女の子は女子大生だらけ。女子大生しかいないです。仕組みを最近知ったのですが、店はガールズバーのダミー求人で学生を集めるんです。応募の敷居を低くして、実際の対面の面接でピンサロに誘導する。私もきっかけはそれでした。大学2年のときにお金に困って、ガールズバーの時給1500円の仕事に応募しました。普通のバイトよりは稼げるかなって。面接に行ってみたらガールズバーはキツいし、お金にならないって話をされて、アフターとか同伴、枕もあるって。大変っていう説明をされて、実は……みたいな」

不衛生で割に合わないピンサロは、若い風俗経験者からの応募はない。虚偽の広告など、かなり強引な手口でなにも知らない素人女性を集めている。具体的にはフロアレディなど、水商売のイメージが強い求人広告で応募のあった女性を面接でピンサロに誘導する。お金に困ってて、無知で若い、しかも素人という地方出身の現役女子大生は格好のターゲットとなっている。

ピンサロは東京の各地にあるが、中央線沿線は女子大生、巣鴨は東北出身の素人女性がターゲットなど、店や地域によって得意な属性がある。そうして風俗経験のない一般女性たちが続々とピンサロ嬢になる。ピンクサロンが素人女子だらけ、なのは本当なのだ。

彼女が勤めるピンサロはそれなりに有名店で、多摩地区にあるほぼすべての大学に在学する女子大生が在籍している。そして、そのほとんどが地方出身者で真面目に学生生活を送っているという。

「ガールズバーの面接で出てきた人には、『お客さんって枕目当てで来ている、そこをサービスにしちゃったほうが手っ取り早い』って理由でピンサロを勧められた。じゃあ、とりあえず体入(体験入店)だけ行ってみます、となって入店した感じです。それが去年の7月。それまでは普通に昼のバイトを転々として、2年の夏に限界がきちゃいました。もっと手っ取り早くお金が欲しいと思いました」

「上野公園のハトのほうがいいものを食べている」

三宅さんの収入と支出の内訳を簡単に見てみよう。

多摩地区の住宅地にあるオートロックマンションは家賃6万5000円。光熱費2万円、携帯代8000円、食費4万円がかかる。固定費だけで13万円弱だ。これにサークル、交遊、洋服、書籍、交通費などを含めると、月の生活費は20万円近くになる。第二種奨学金、月12万円をフルで借りていて、学費を引いた残りを生活費にあてている。

これまでさまざまな時給で仕事をしてきたが、授業とサークル以外のすべての時間を効率よく使って働いても、せいぜい月8万円にしかならない。全然、お金が足りない。大学2年の夏休み、水商売しかないと面接に行って誘導されるままピンサロ嬢になってしまった。現役大学生の一般的な、かつ典型的なパターンだといえる。
「夜をすれば生きていけるんじゃないかって。大学1年、2年の前期は支払いに追われて、本当にギリギリでした。生活費を削って、食費も限界まで削って、家賃か光熱費の支払いにあてた。ご飯も上野公園のハトのほうがいいものを食べている、みたいな。学費は奨学金で払っていて、親からの給付はほとんどないです。ゼロに近くて、そういう子は同級生にもたくさんいます。みんな経済的に追いつめられています」

父親は50代前半、地方自治体の公務員だ。地方では中流以上の家庭である。バブル世代の父親は、現在の若者たちの深刻な貧困を知らない。進学で上京するとき、「俺も学生時代は苦労した。お前を甘やかさない」と釘《くぎ》を刺して東京に送りだした。甘やかさないとは学費は奨学金、生活費は自分でアルバイトをして稼げ、ということだった。

「父親は娘の学費を出すのは甘やかすって感覚ですね。どうしてもお金が足りないときは、仕方なくお金を出してくれるみたいな。お金はいつもないけど、ないことはいいにくいし、いえません。上京してすぐにスーツ屋さん、雑貨屋、歯科助手みたいなこともやったかな。どこも時給は1000円とか1100円とか。それなりに忙しく働いて月8万円くらい稼いで、いつもギリギリで、ご飯は納豆と味噌汁《みそしる》だけみたいな。家賃、携帯代、Wi-Fi代もかかって、電気代がすごく高い。求人を見てガールズバーがぱっと目につきました」

53歳の父親はバブル世代だ。当時の大学生は恵まれていた。文系大学生は遊び、サークル活動とバイトに明け暮れ、ほとんど勉強しなくても卒業できて大企業から内定が出た。貧困家庭出身で経済的に苦労する学生は「苦学生」と呼ばれ、社会は頑張る学生を応援して、バイトと勉強を両立する意識の高い若者として美談となっていた。

当時の昭和型苦学生は新聞奨学生に代表される肉体労働で、親も社会も学生を応援する空気があった。三宅さんの父親は高校を卒業して上京、中堅大学に進学した。学生時代はお金がなく、授業はさぼりがち、飲食店や引っ越し手伝いなどのバイトに明け暮れた。なんとか卒業して、学生時代の苦労を美談としてたまに娘に語っている。

現在は、学生が従事する労働集約型のサービス業は末端の非正規労働者を最低賃金で働かせている。そのようなシステムができてから、学生は生活に必要なお金が労働集約型の非正規労働では稼げない。大学で勉強したい学生ほど、必然的に高単価の付加価値の高い非正規労働に流れることになり、女子大生は風俗嬢まみれになってしまった。

恵まれた親世代は、現在の大学生を取り巻く環境の変化をなにも知らない。三宅さんの父親が「娘は甘やかさない」という自分の世代の価値観を家庭に持ち込んだことで、娘はピンサロ嬢になってしまった。

情報統制と成績管理でマインドコントロール

もうひとつ大きな違いがある。学費が高騰の一途にあり、独立行政法人日本学生支援機構(JASSO)の奨学金受給者は大学生の約3人に1人といわれる。消費税も10%となって学生の負担も大きくなっている。恵まれて育った大学生の親たちは、現在の若者たちの苦境に無理解、無知であり、大学生たちはとことん追いつめられている。親は自分たちの学生時代が頭にある。現在の大学生たちがどんなに追いつめられても、その苦境に気づかない。

「体験入店で初めて知らない男の人にそういうことをして、あれよあれよと。ほんと自分でもビックリで、私、ヤバいことやっちゃったな……って。親にバレたらまずいなと思いました。それからは大学が終わって、そのまま店に出勤の生活です。セーラー服とか下着姿で、毎日何人もの男性の相手をします。17時から22時。時給2000円でお客さんひとり1000円、写真指名で1500円のバックです。指名をもらわないとお金にならないし、お店もうるさい。店長から圧力かけられて辞めちゃう子とかもいます。成績悪いと指導が入る。先生に怒られるみたいな感じで、裏に呼ばれて怒鳴られるみたいな」

素人女性を集めるピンサロは、在籍の女の子たちを厳重に管理しているところが多い。指名や成績にうるさいのは一般的であるとして、客だけでなく、ほかの女の子との連絡先の交換、友達付き合いなどが禁止されている。

ピンサロはなにも知らない女の子を性労働に誘導していることもあり、働いている女の子になるべく情報を与えたくない。たとえば同じ風俗でも他業種の条件がいいと知れば、辞めてしまう。女の子はなにも知らないほうが店に都合がいいのだ。

ピンサロは店内だけで完結する色恋、仮想恋愛みたいな関係にならないと指名はこないという。指名の成績が悪いと、店長に怒られる。彼女だけではなく、全員が必死になって指名を取りにいっている。

「色恋営業です。みんなどちらかというと、真面目な女子大生なので卒業したら就職します。それでピンサロを辞める。だからお客さんに〝大学卒業したら外で会おうね〟みたいな適当なことをいっています。〝卒業したら恋人同士になろう〟くらいいっちゃっています。お客さんは店外で、恋人みたいなのを求めてくる。その気持ちを利用して指名につなげるわけです。ピンサロで指名するようなお客さんって、恋愛経験がなさそうなヤバめの人が多い。怖いけど、私が適当にいったことを信じている人もいるかもしれません。本当になにやっているんだろうって思いながら、毎日、毎日嘘ばかりついています」

風俗で働いても大学生活を続けられない

今の大学生は授業、バイトと忙しい。三宅さんは朝9時か10時くらいに登校して履修している授業を受ける。15時か16時に授業が終わると、部室やサークル室のある棟に寄って友達やサークル仲間に挨拶する。ピンサロに出勤しなければならないので、談笑は控えめにして繁華街に行かなければならない。ピンサロ嬢であることは、親は当然、大学の友達にも秘密にしている。

ピンサロやソープランドなど、店舗型風俗店は風営法で営業地域が定められている。法律に基づいた許認可の関係で、繁華街の一角に集まっている。どこの繁華街でも、風俗店は街の中でもっとも怪しい場所に密集している。三宅さんは出勤して店に入るとき、大学の友達がいないか、誰にも見られてないか見回してから入る。

更衣室でパンツが丸見えとなる安っぽいセーラー服に着替えて、男性客が待つ席へと行く。17時に出勤、22時まで、ひたすら知らない男性相手に性的行為を繰り返している。

「キツいお客はたくさんいます。30分まるまるサービスを求めてくるとか、いろいろ要求してくる人ですね。こっちがサービスしてあげる分には全然構わないけど、ずっと触られまくるとか。全部脱いで、こういうポーズしてとか。おじさんは話が通じないし、いろいろ嫌……ですね。やらなくて済むならやりたくない。けど大学卒業するためには仕方がない。本当に情けないし、毎日落ち込んでいます」

議員会館で三宅さんは、つらいはずの話をどんどん語っていた。普段仕事のことは誰にもいえない。ストレスのかかる仕事であり、吐き出す場所がない。話して大丈夫という環境になると饒舌《じょうぜつ》になったりする。大学生をしながら風俗嬢をするのは、もう一般化している。彼女が話しているのはどこにでもある女子大生の日常なのだが、話を聞きながら筆者と同年齢という女性の秘書の方が泣いてしまった。

「結局、風俗ってカラダを売っているみたいな感じもあるけど、心も売ってるところもあります。色恋営業とか心をすり減らすっていうか。思ってもない嘘ばっかついて、思ってもないことをキモいオッサンにいっているとき〝マジで私、なにをいってるんだろ……〟みたいな。プロ意識が高い人だったら源氏名《げんじな》と本名の自分をスッパリ切り替えられると思うけど、私は私っていう感じなのでつらいのかも。キモいおっさんに〝好きだよ〟とか〝付き合おうね〟とか〝本当に大好き。愛しているよ〟とか。疲れるし、虚無になります」

女子大生だらけのピンサロは、貧困国であり男尊女卑社会である日本を象徴する場所だ。春になると卒業の4年生は性的行為漬けの日々から抜け出し、それぞれの道へと就職する。そしてゴールディンウィークを過ぎたあたりから、経済的に行き詰まった1年生や2年生が入ってくる。

ほとんどの女の子たちは三宅さんと同じように経済的に行き詰まり、インターネット検索でガールズバーの求人に応募、面接担当のスタッフにピンサロに誘導されてしまう女の子たちだ。日々、全裸になって中年男性に性的サービスをする厳しい仕事も、周りに同じ経済苦で同じ境遇、同年代の仲間がいるのでなんとなく慣れてしまう。

この中年男性への性行為がセットになった絶望的な学生生活は、地方出身で、都市圏でキャンパスライフを送る女子大生たちの現実だ。

「風俗嬢になって男性に対する見方は変わってしまいました。どうしても、損得勘定が働いちゃいます。お金が発生しないエッチとかしたくない、みたいな。ピンサロをやる前は大学にセフレとかいたけど、もう面倒くさい。だから彼氏とかつくらないし、つくりたくない。いらないし、恋愛とかしたら風俗続けられなくなって卒業ができません。どっちにしろ卒業まで風俗を続けるしか選択肢がないんです。いいとか悪いとか、私が嫌とか嫌じゃないとか、あまり関係ないです。やるしかないわけですから」

とりあえず話は終わった。秘書の方は現役女子大生の惨状を知らなかったようで言葉を失っていた。彼女の語りが終わって議員会館の会議室は静まり返った。

この日から1カ月後、三宅さんからＬＩＮＥで近況報告が送られてきた。勤めるピンサロは緊急事態宣言がされても営業自粛することはなく、時間短縮、出勤制限をかけて営業を続けているという。指名の少ない半分の女の子は出勤制限がかかり、店長から来なくていいといわれた。生き残った彼女はコロナ感染におびえながら出勤し、男性客に性的サービスを継続する。収入は半減となり、生活はできなくなった。学費納入の延長を申請、12万円の奨学金をすべて生活費にまわして乗り切るようだ。

コロナによって〝女子大生が中年男性に裸になって性的サービスをし、精液を浴び、さらに精神をすり減らしながら疑似恋愛を提供しても、大学生活を送ることができない〟という事態になってしまったことになる。

卒業後は奨学金の返済地獄が待っている

ここで、この数年で社会問題となっている大学奨学金の説明をしておこう。ちなみに三宅さんは有利子の第二種月12万円をフルで借りている。来年の卒業時点で、元金576万円の借金を抱えて社会人になる。

2004年、経済的理由によって修学困難な学生に学資の貸与をしていた日本育英会が廃止され、独立行政法人日本学生支援機構(JASSO)に改編された。それから〝奨学金〟は変貌した。日本学生支援機構は財投機関債や民間からの資金を財源とし、奨学金制度を金融事業として展開。財投機関債が原資となると政策金融公庫や住宅金融支援機構と同じであり、まさに金融ビジネスとなる。

第二種奨学金の金利上限は年3%だ。将来的に金利はどうなるか、誰にもわからない。コロナ禍の経済支援で日銀が国債買い入れ上限を撤廃したことで、いずれハイパーインフレが起こるという説もあり、三宅さんは20年間負債を抱えながら総額800万円近い返済を迫られる可能性もある。

仮に年利3%となれば、株式会社への融資やカーローンとたいして変わらない。金融ビジネスにもかかわらず、親世帯の収入が低いと認められれば、審査パスという矛盾した仕組みで、無担保のうえ、債務者である学生本人の弁済能力は問われない。当然の結果として返還滞納が問題となる。

将来なんの職業に就くかわからない、働くか働けるかもわからない高校卒業前の未成年に多額の有利子のお金を貸すのは、どう考えても無謀だ。救済制度はほとんどなく、大学卒業後から始まる月々の返済は容赦ない。3カ月間延滞となればブラックリストと呼ばれる個人信用情報機関に個人情報が登録されて、債権回収会社が取り立てる。実態は学生ローンであり、その実態が可視化されてからその仕組みに批判が集まっている。

元金576万円に利子がつき、返済総額はその金額を上回る。受験勉強をしてやっと東京六大学に入学し、在学中は心を削りながら卒業のために仕方なくピンサロで中年男性に性行為を繰り返した。やっと解放されたと思ったら、次は自己破産相当の負債の返済を迫られる。さらに就職直前にコロナが起こり、学生時代に経験した中年男性への性行為で恋愛も放棄しており、これから先の長い人生にはもう暗雲が立ち込めている。

日本学生支援機構の奨学金はあまりにも問題がある制度だ。しかし、文科省の所管ということで親や高校進路担当者は、進学を希望する生徒に気軽に奨学金を勧める。また三宅さんの53歳の父親のように「甘やかさない」みたいな無理解、無知が理由で、親が子供に積極的に借金を背負わせたりする。本人は未成年なので仕組みを理解しないまま、高校と親の促すままに契約をする。そして卒業するために性風俗に誘導される。もう、ムチャクチャなのだ。

34時間、風俗店に待機

2020年4月24日17時30分、池袋。現役女子大生・仁藤美咲さん（仮名・20歳）と待ち合わせた。仁藤さんは医療福祉系大学に通いながら、池袋でデリヘル嬢をしている。17時に店が終わり、そのまま会うことになった。やって来た仁藤さんは黒髪、理知的、清楚《せいそ》な女の子だった。誰も風俗嬢とは思わない見た目で、絵に描いたような優等生という印象だ。

「○○大学の理学療法学科です。就職先はまだ全然決まってなくて、コロナで実習が進まないのでどうなるかわかりません。本当は4月、5月は病院で実習だったけど、中止になりました。学校が休みの今のうちに働いておこうって、3月上旬に休校になってから毎日出勤しています。これから別の地域のデリヘルに出勤で、朝までやります」

今日のスケジュールを聞くと、かなり過酷だった。

朝9時にデリヘルの待機所に出勤、17時まで勤務。今日は3人のお客がついて2万7000円になったという。そして我々の取材を受け、終わり次第、電車で30分以上かかる別の繁華街のデリヘルに出勤する。そこで朝5時まで勤務して、そのまま池袋に移動して朝9時に出勤する。移動時間を含めて34時間、風俗店に待機してお客をとるという。

明治時代の遊郭を描いた1987年公開の映画『吉原炎上』では、吉原に人身売買で売られた女性の悲劇が描かれたが、正直、仁藤さんの状況はたいして変わらない。

「大学の学費は高いです。春に120万円納入で、秋に55万円なので教科書とか雑費を含めたら年間200万円近く。それが4年間です。奨学金は一種と二種を満額借りて、入学当初は足りるって計画が立っていたけど、全然無理でした。どうにもならなくなって、大学2年夏から風俗です。私の家の方針では、大学は義務教育じゃないし、行かなくても高卒で就職できるんだからお金は自分でやりくりしろって。奨学金一種と二種をあわせて月18万円を借りて、足りない分は高校時代のアルバイトで貯めた貯金を使っていました。1年ちょっとで尽きました。部屋は大学の寮みたいなところで4万円と安いけど、ほとんど大学と待機所で過ごしてるんで光熱費はかかってないかな」

母親だけのシングル家庭で高校生の弟がいる。母親は収入が少なく、弟と団地暮らしをしている。〝親が面倒を見るのは義務教育まで〟という方針で、高校はランクを下げた私立高校に特待生（入学金・授業料免除）として進学し、当然大学以降は親からの給付はゼロである。在籍するのは学費の高い医療福祉系で、さらに一人暮らしをしている。医療福祉系は資格養成所なので出席は厳しく、授業や実習もたくさんある。

大学だけで十分忙しいなか、学費も生活費もすべて自分で稼げという環境で、稼げなかったら退学するしか選択肢がない。資格養成の大学なので資格取得できなければ、なんの意味もない、今までの投資が水の泡となる。

「高校3年のとき、大学のお金はどうしようか考えました。第一種と第二種奨学金を満額借りて18万円×12カ月で年間216万円。そのお金で学費を払って、生活費は自分で稼ごうみたいな計画でした。途中の4月と9月に授業料の支払いがあって、高校から続けていたアルバイトがあるから、なんとかなるだろうと思っていました。

前のバイトは月によって違うけど、だいたい月8万円くらい。夏休みは10万円とか。年間100万円くらい稼いでいました」

年間100万円で家賃を払って生活するのは厳しかった。相対的貧困のラインに乗っているし、生活保護基準より圧倒的に低い。貯金を切り崩しながら1年半は乗り切ったが、挫折した。スマホでもっと高単価な仕事を探しているとき、風俗の求人広告が見つかった。それまで男性経験は1人だけ。とても自分ができる仕事とは思わなかった。でも、それしか選択肢がなかった。

本番強要と上から目線の説教

仁藤さんは惚れ惚れするような清楚な外見だ。かわいい。高校も大学も成績はよく、高校でも大学でも、真面目な優等生という立場なようだ。

「高校時代の貯金は100万円は超えてました。進学のこともあって趣味が貯金でしたから。500円玉の貯金をひたすらやって、大きなアミューズメント施設と池袋の焼き鳥屋さんのダブルワークをしていました。高校は私立の特待生です。だから私の家みたいな義務教育以降は自立みたいな友達は誰もいなくて、クラスでバイトしているのは私だけでした。高校のときはメチャクチャ真面目に勉強したし、成績もよかったし、メチャクチャ真面目にバイトするしって感じでした」

大学に進学すると、やはり年間200万円弱の学費が重くのしかかる。節約を心がけ、いつもお金の心配をしながら学生生活を送った。学食と自炊のどっちが安くなるかもきっちり計算した。

入学時の納入費用は親戚にお金を借り、高校時代に貯めた100万円の貯金でなんとか大学2年の春納入まで乗り切った。大学2年の夏休み、貯金はほぼ尽きた。奨学金を家賃や生活費にまわして、秋納入の55万円と実習費用がどうしても足りなくなった。

「ネットでそういう仕事があるって知ってから、看護学科でそっちで働いてる同級生に聞きました。『西川口で働いてるよ』『池袋だよ』とか。じゃあ、そこで働こうと思って池袋にしました。デリヘルです。看護学科はキャピキャピしてる感じだったり、風俗やってるよっていう子がいっぱいいます。隠さずに話すような感じの子たちで、へえ~みたいな。たぶん、私は風俗はしないだろうなって聞いていたけど、まさか自分がやることになっちゃうとは……」

大学2年になって貯金が尽きてから、教科書代の捻出に困った。追い打ちをかけて実習費、研究費が請求された。医学書、専門書なので教科書代は10万円近く。さらに実習は自費でのホテル暮らしをしなければならない。2週間ホテルに泊まると10万円以上がかかる。

「去年の夏に貯金が30万円を切ったんです。その時点でヤバい……と思って、破綻したことに気づきました。実習で地方に飛ばされるのは抽選で、私が地方になるかもしれない。そうしたら絶対に足りないんです。秋の学費納入も控えていて、そこで風俗を始めました。看護学科の友達に紹介されたスカウトから入った。そこから始まって実習で山梨に行ったときは、山梨のデリヘルで働いて、もう学校以外は出勤しているような生活になりました」

池袋の客層が悪いことは風俗嬢の間では有名だ。

富裕層や紳士は少なく、労働者階級による本番強要が日常茶飯事という。さらに中年男性は抜かれたあと、「こんな仕事をしちゃだめだ」「そんなにブランド物が欲しいのか」みたいな説教する者もたくさんいる。

お嬢様風で清楚な雰囲気の仁藤さんは、少なくとも気が強そうには見えない。上から目線の説教や、本番強要にも毎日のように遭遇する。

「本強は毎日です。みんなに〝風俗をやってるようには全然見えない！〟っていわれます。清楚で未経験みたいなので売っていこうみたいな。お金になるなら全然いいです。最初の頃は10時間待機で一日3万〜4万円は稼げました。昼から終電までって感じ。新人期間がすぎてだんだん減ったのと、最近はコロナでどんどんお客さんが減って。1日1万円の日もあれば、お茶《ちゃ》（ゼロ）の日もあります。コロナ以前は週6日出て月100万円近くは稼いでいました」

「こんなコロナの時期に風俗に来る人は質が悪い」

去年の8〜12月までは順調に稼げた。お金がかかる2年時の実習は乗り切り、3年秋の学費を支払えた。次の4年春の学費も支払える算段がついた。

高校時代から付き合っている彼氏はいる。バイト先で知り合った。彼氏は4歳年上の社会人で風俗をやっていることは知っている。大学と仕事でスケジュールはビッシリであり、会う時間はあまりない。

仁藤さんは男性経験1人の状態で風俗嬢となり、怒涛《どとう》のような性的行為漬けとなった。

「風俗の仕事に心なんてないかもしれない。なにも考えずにやっています。自分自身だと思って働いていない。清楚でエッチな源氏名の私は、みたいな。演技、演技、演技、みたいな。恋人っぽくっていうのがお店からの指示だったので、自分なりに無理して恋人っぽくやっています。距離感を詰めてイチャイチャするみたいな。おじさんとか普通に喜んでるんじゃないかな」

卒業までこのままフルで奨学金を借りると、元金が18万円×48カ月＝864万円。自己破産相当の大きな負債を抱えることになる。卒業後の奨学金返済も視野に入れ、フル出勤に近いデリヘル勤務を継続していた。そんな矢先に新型コロナが襲ってきた。

「こんなコロナの時期に風俗に来る人は質が悪いです。池袋はただでさえ質が悪いのに、今は最悪です。普通に挿入されちゃいます。レイプです。蹴れるときは蹴るんですけど、結局は力で負けちゃうんで。この前、1日4人連続みたいなときがあってため息がでました」

2月中旬からだんだんと客が減った。そして3月の収入は半減となった。3月は

40万円程度しか稼ぐことができなかった。

「半分以下です。今まで1日だいたい5、6本くらいついていたんですけど、全然つかなくなった。多くても3本です。3月から4月頭までは〝今日は3人もついた。やった！〟みたいな。お茶も続くし、出勤しても交通費だけかかって意味がないじゃんっていう状況です。まだ大学は1年間残っているし、就職活動もあるし、3月からほかの街でも働いてます」

男性客が半減、7割減とどんどん減るので、必要なお金を稼ぐならば長く待機するしかない。3月にダブルワークを始めてから、一日中ずっと待機所にいる。家に帰る時間もなくなった。池袋に9～21時、もうひとつは22時から朝5時。今日もこれから出勤だという。朝5時の始発過ぎに戻り、また池袋に出勤する予定だ。待機所で眠ることができるから体力的には問題ないという。

「コロナ騒動のなか、知らない人と毎日触れてます。大学の医療の授業で感染経路とか感染症とか、そんな話をさんざん聞いてるのに〝なにを私はやってるんだろ……〟って思いながらやっています。看護学科の友達は私が風俗していることは知っているけど、ほかの学科の人たちはまったく知らない。成績は学科でいちばんいいほうで性格が真面目だし、この外見なので、誰もそんなことをしているとは思ってないはずです」

カラダを売る生活は、大学卒業では終わらない

彼女が通う大学は資格養成系だ。就職先は介護福祉関係になるだろうか。余計なことはいわなかったが、朝から晩までカラダを売り、巨額の借金を抱えて資格取得しても、とてもその労力と金額を取り返せるとは思えない。

コロナ以前、財務省は社会保障の削減に前向きだった。アフターコロナは現段階ではどんな社会になるかわからないが、そのまま社会保障削減の方向が継続されれば、労働者にまともな賃金は支払われない可能性が高い。ちなみに介護福祉分野の賃金は64業種中64位で、日本でもっとも賃金の安い産業となっている。

「大学と風俗、本当に大変だけど、自分では大変とは思わないようにしています。自己暗示は大事ですね。ほかにも頑張ってる子はいるって思いながら待機所にいるし、知らないおじさんの前で裸になるし、性的なこともする。大変だと思ったら、とてもできません。看護学科に風俗やっている女の子は何人もいるし、現実として

同じ境遇の人がいるので、それは励みになります」

喫茶店を出ると、仁藤さんは池袋駅北口に早足で向かっていった。

清楚系美少女は中年男性に人気がある。これから別の街のデリヘルに出勤し、中年男性から「どうしてこんな仕事しているの？」「ブランド物が欲しいの？」みたいな質問をされる。その質問を適当にかわしながら、ときに本番強要されて、疲れ切って朝を迎える。日本学生支援機構から毎月お金が振り込まれる。1年後、864万円というとんでもない借金を抱えて就職する。

介護福祉業界は〝団塊世代のために介護2025年問題を解決しよう〟などといっている。戦後に生まれた団塊世代の男性は、今思えば徹底的に恵まれた環境で生きてきた。当時の国立大学の学費は年間1万2000円であり、彼女はその150倍以上を支払っている。

現在の大学生の親世代、そしてもっと上の団塊世代は孫世代に対して徹底的に理解がない。まだ日本は恵まれた先進国だと思っている。彼らは自己責任論で貧しい者たちの声を封印して、仁藤さんに本番強要や〝ブランド物が欲しいの？〟なんて質問しながら発射する。性的行為をしてくれれば、再分配してあげてもいいという社会ができあがってしまっている。

彼女が就職するであろう介護福祉業界は、著しい高齢者優遇、現役世代軽視がまかりとおっている。仁藤さんがカラダを売る生活は、おそらく大学卒業では終わらない。

「大学生なので風俗で働くのは仕方ないです」

2021年2月1日。札幌の気温は氷点下、凍《い》てつく寒さだが外はまぶしいくらいの晴天だ。オンラインミーティングの画面の向こうにある部屋の窓から、強い自然光が差し込んでいる。松本未来さん（仮名・20歳）は札幌市内にある私立大学2年生。アルバイトでソープ嬢をしている。今は一人暮らしをするマンスリーマンションから配信をしている。

オンラインミーティングはメールで時間を決めて、お互いが接続してつながる。未来さんとは午前11時半からとした。時間どおりにつながって画面に現れた未来さんは、若手女優の清原果耶《きよはらかや》似、優等生系の美少女だった。筆者は予想以上に清楚でかわいい女の子が現れてため息をついた。

大学生の貧困が社会問題となって、もうだいぶ経《た》つ。与野党の一部の国会議員たちも大学生たちの貧困を問題視し、なんとかしなければと動いてはいるが、学生たちの過酷な状況が改善される雰囲気はない。大学は毎年、新入生が入学して卒業生が社会に羽ばたいていく。そんな間にも大学に入学した女子学生たちが続々と性風俗に流れる傾向はとどまることはなく、さらに加速している。

未来さんは大学紹介のパンフレットに出てくるような清楚な学生らしい風貌で、体育会系の部活に所属し(活動は土日のみ)、語学の研究に取り組んでいる。しかし、学生生活における経済的理由のため、空いた時間のほぼすべてをソープランドの個室で過ごしている。

「高校の卒業式が終わってすぐヘルスで働いて、半年くらい前にソープに移りました。ずっと仕事ばかり。コロナでリモート授業だし、お店と家を行き来しているだけの生活です。キツイこともありますけど、大学生なので仕方ないです」

もうだいぶ前から、風俗店は現役女子大生だらけである。どこの店にもいる。全国的な傾向で、若い女の子を売りにする一般的な風俗店には、必ずといっていいほど現役女子大生が複数在籍している。

彼女たちは狭い個室やラブホテルで、不特定多数の男性を相手に裸になって性行為を行っている。大半が学生生活における経済的理由が要因だ。親からの給付と普通のアルバイト代では大学生活を送るためのお金が足りず、苦渋の選択として性風俗を選択している。性風俗では若さという価値が認められる、労働単価が高い、そして自由な時間に出勤できる、と女子学生にとっては〝メリット〟が大きい。

彼女たちが風俗で働く目的は学生生活の維持のためなので、もはや部活やサークルみたいなものとなっていて、優等生／劣等生、派手／地味、社交的／内向的など、個人の性格や属性が偏《かたよ》ることなく、あらゆるタイプの学生が風俗嬢になっている。

ソープランドの個室でオンライン授業

取材開始早々、未来さんから「大学生なので仕方がないです」と重い言葉を聞かされた。お金がかかる大学進学を選択したのは自分自身、だから風俗店に勤務してカラダを売るのは仕方がない、ということだ。政府は緊縮財政の一環として「高等教育の受益者負担」の方針を推進している。その方針が弱冠20歳の女の子に自然と身に付いていたことになる。

「今、大学は春休みなので週5～6日で出勤しています。14時から閉店の24時まで、ほぼ毎日。稼いだ金額は先月75万円、先々月は50万円くらいかな。去年、お母さんに風俗していることがバレて実家を出て、今は一人暮らしです。親とは半分絶縁みたいな状態なので、学費のほかに生活費が必要になった。もう休みの期間中は限界まで働くしかないです。私立なので学費が年間110万円、残り2年間あって220万円必要で、時間があるときに働いて貯金したいってことでの鬼出勤です」

おそらく彼女が現役ソープ嬢とは誰も思わないだろう。大学では体育会系の部活に所属し、グローバルビジネスの研究をして、文武両道の学生生活を送っている。大学の授業期間中は土日の部活帰りから閉店まで、休み期間中はほぼすべての時間を風俗店の個室で過ごしている。店から頼まれたときは授業期間中でも出勤し、ソープランドの個室でオンライン授業を受けることもある。

「最初は店舗型ヘルスで働きました。若い子だったら学園系とか、メイドさんのお店とかある。高校3年のとき、国立に落ちたら私立、私立に行ったら風俗やるって決めていました。それまでの男性経験は1人だけです。経験はほとんどないけど、なんとかなるって自信はありましたね。実際にやってみて、キツイけど、やっぱりお金もらえるのがすごくうれしかった。精神的にもダメージのある仕事でしたけど、お金もらえるっていうのと、お金が貯まる、大学に行くことができるっていうのがすごい、私にとって幸せだった。だから続けています」

店舗型ヘルスでの収入は10分1000円単位。60分コースだったら6000円のバックだったという。すすきのの風俗店はそもそも全体的に客単価が高くないので、女性の報酬も安めに設定されている。未来さんは当事者なので風俗、ソープランド――とサラッと語っているが、実際はかなり厳しい仕事だ。

精液まみれになり1時間6000円の報酬

みなさんに現実を理解してもらうため、彼女が日常的にしているだろう具体的な行為に触れておく。

店舗型ヘルスは、ベッドだけがある3畳程度の狭い個室でサービスを提供する。受付と支払いを済ませた男性客を、女性が個室に招く。指名制度もあり、特定の女性を指名する場合は指名料がかかる。女性は適当に雑談しながら男性客の服を脱がせて、自分も脱いでいく。人によるが、ここで女性は肉体を触られまくる。会って3～5分ほどで男性客も女性も全裸になる。

一緒にシャワー室に入り、女性は男性客の身体を洗う。紳士的な男性、エロモード全開の男性の割合は半々だろうか。シャワーが終わり、一緒に個室に戻り、男性客は仰向けになって女性からキス、男性の身体を舐める全身リップ、陰部を舐める生フェラチオ、店によってはアナル舐めなどをする。盛り上がってきたところで攻守交代し、男性客は陰部を含む女性の肉体を舐めまくり、最後は女性が股間に手を添えて疑似的なセックス(素股)をして射精に導く。女性の手と身体は精液まみれになり、それを洗い流し、また新しい男性客を招く。そんな感じだ。

60分間で1人の男性相手にこれだけのサービスを提供して6000円の報酬である。すすきののような昔ながらの有名な風俗街の店舗型風俗店は、客付きがよく、この行為を1日何度も繰り返す。長時間勤務し、仮に1日8人の男性とこの性行為を繰り返すと、6000円×8人＝4万8000円の収入となる。風俗は完全出来高制の日払いが基本であり、毎日、稼いだお金を店から受け取って帰路につく。

未来さんが最初に働いたのは、学園系のヘルス店だった。風俗店は働く女性の年齢や傾向によって細かくジャンル分けがされていて、彼女のような清楚な女性はロリ系、学園系などでニーズがある。

「セーラー服とかブレザーとかを着てました。やっぱりマニアックなお客さんが多くて、正直気持ち悪かった。制服とか好きな人は、みんな40代、50代くらいの方です。親と同じくらいの年齢ですね。ひたすら足だけを舐められたり、パンツの匂いを嗅がれたり、変なプレイをする人もたくさん。それと会ったばかりなのに何々ちゃん大好きだよ、みたいなことを本気でいってくる人もいました。なにを考えているの、おじさんって。父親くらいの年齢の知らないおじさんに、真剣に冗談ではなく、大好きだよとか、そういうのは精神的にきます」

ヘルスよりソープのほうが楽

清楚でおとなしく、優等生っぽい女の子は中年のいわゆる非モテ層に好かれる傾向がある。一般的に「キモい」と呼ばれがちな中年男性だ。彼らの性処理だけではなく、恋愛対象にもなったりする。また、気が強くない女性や子供に強く出るタイプの男性客も一定数いる。反撃されそうにない女の子は、そのような男性からのハラスメントも受けやすい。非モテ層の中年男性をうまく転がす女子も多いが、ロリ系、学園系で働く女の子たちは同じ風俗の仕事でも、嫌なことや我慢しなければならない場面が多い。

「好き、大好き、付き合ってほしいとか、そのとき未成年の私に本気でいってくるおじさんって、どういう人生歩んだらそうなるのって思いました。毎日、毎日通ってプロポーズしてくる人もいて、親より年上の人から向けられる感情ってなんか変な気持ちになる。怖いし、しんどい。あと、本番強要ばかりっていうのもあって、疲れてしまって大学2年に進級したときにソープに移りました」

すすきののソープランドは有名だ。客の支払いが1万〜1万5000円程度の安価な店が繁華街に点在し、老舗《しにせ》の格安ソープ街として全国区の知名度となっている。

「ヘルスよりソープのほうが楽。ヘルスだと本番ないから、口とか手で抜かなきゃならない。だから、体力的にキツい。顎は疲れるし、足が痛くなったり。本当に体力的にキツくて。ソープランドをやってみたらもうすごく楽でした。コンドームつけてヤッちゃえば、あとは相手が頑張ってくれる。だから、卒業までこのままソープで働こうと思っています」

ソープランドは代表的な店舗型風俗で、先ほど伝えた店舗型ヘルスの行為に加えて、マットプレイや本番セックスをする。風営法では〝ソープランド〟と明記されて認められている存在だが、本番提供をするので売春防止法に違反している。法的にグレーな業態で、ソープ嬢と男性客のセックスは〝自由恋愛〟という建前で「管理売春ではない」ということになっている。また、ソープ嬢が手にするお金は源泉徴収税が引かれない〝地下マネー〟であり、ほとんどの女性は税金を払っていない。

成人式が中止でソープランドに出勤

未来さんは現在、春休み中なので週6日出勤しているという。毎日、毎日、見知らぬ親世代の中年男性客とずっとセックスしている日々なのだ。

先日、20歳になった。2021年1月10日、彼女は久しぶりに中学と高校の同級生たちに会える成人式を楽しみにしていた。一生に一度のことなのでお金を使おうと、晴れ着の準備と美容院の予約をした。しかし、新型コロナウイルス感染症のリスク回避のために式典は中止になり、いつものようにソープランドに出勤。祭日だったので店は男性客でにぎわい、出勤から閉店まで6人の客が付いた。感染症対策で一生に一度の舞台が奪われたうえに、その当日に見知らぬ男性とセックスする自分の日常と現実にため息が出たという。

「自分は何しているのだろう？　って、よく思います。成人式の日は変なお客さんが多かったこともあって、すごく落ち込みました。学校の友達とか部活の仲間とかは、普通のレストランとか居酒屋とかのバイトでなんとかやりくりしているわけじゃないですか。でも私はこうやって一日何時間も働いて、おじさんの相手して、いつも裸で全身を舐められたりして、なにしているんだろうって。まともじゃない生活しているなーって悲しくなるときは、めっちゃあります」

彼女は「お金がかかる大学生をしているのだから、自分がカラダを売るのは当然」という感覚がある。高校を卒業してすぐに性的な経験がほとんどないまま風俗嬢になり、「カラダを売る＝大学生であること」なので、悲しくなることはあっても風俗嬢であることに迷いはない。それしか選択肢がないということだ。

どうしてこのような厳しいことになるのか。彼女がしたことは、ただただ大学に進学しただけである。

私立に行く＝風俗で働く

両親は地方公務員（北海道職員）だという。共稼ぎで世帯年収は１２００万円を超える上流層の家庭だった。しかし父親はお金にダラしなく、両親はお金のことでいつも喧嘩していた。母親は、未来さんが子供の頃から、口癖のように「お金がない」といっていた。

「高校1年生のときから両親は離婚の話し合いをしてました。財産分与かなんかで揉《も》めに揉めて、離婚調停をしてずっと長引いた。結局、去年（２０２０年）11月にお母さんが負ける形で離婚が決まったみたい。子供の頃から、お母さんはお金がない、お金がないっていつもいっていて、大学は私立なんて行かせられないって。絶対に国立に行きなさいって。だから北海道大学に落ちたとき、これからは自分で全部やらなきゃって思いました」

世帯収入が高い家庭は、そのすべてが子供の教育費を負担するわけではないのだ。それぞれの家庭の方針がある。夫婦関係が破綻していた彼女の家庭は、父親は娘の教育に興味がなく、母親は大学の学費はすべて本人が支払う（受益者負担）考えだった。

高校3年の2月、北海道大学に落ちたことで進路が決まった。大学に納入するお金の管理はすべて母親がやっている。まず母親は信用金庫から教育ローンを借り、初年度納入金を支払った。そのとき借りた150万円は、卒業後に毎月分割で母親に返すようにいわれている。

母親が考えた大学進学における学費プランは、学費納入のある9月と3月までに引き落とされる各55万円を未来さんが母親に現金か振り込みで渡す。そのお金は未来さんがすべてアルバイトをして稼ぐことをいわれている。日本学生支援機構の奨学金はダブルローンになるので母親の方針で借りていない。

未来さんは口癖のように「うちにはお金がない、学費は自分で」と言い続けた母親の気持ちを汲み、北海道大学に不合格となり、私立大学に合格した瞬間に風俗で働くことを決めた。札幌育ちなので風俗の存在だけは知っていた。高校卒業式の翌日、あらかじめインターネットで探して目をつけていた風俗店に面接に行った。

「両親は私が小学生の頃から別居していて、高校の学費も、大学の入学費とか授業料もお父さんとお母さんで折半だった。けど、お父さん側とまったく連絡が取れなくなって、裁判が進まないとか、お金を支払ってくれないとかあったみたいで、学費は全部アルバイトで稼ぎなさいって。両親がずっと裁判で争っているのを見ていたし、学費も私が全部払っているんだけど、母親が父親からお金をもらっているかもしれないし、よくわからない。なんか、もう親は頼れない、全部自分でやろうって思いました。大学でかかる教科書代とか授業料とか、親同士が折半ってなっている。お母さんがお父さん側に教科書代何万円、授業料何万円払ったので何円払ってください、みたいな請求するんです。お母さんはいちいち、教科書代何円かかった？って、大学でかかったお金をすごく聞いてくる。煩わしくて心からウンザリ。かかわりたくないって思った」

半年ごとに55万円を母親に「返済」

学費は母親経由で支払っているので、実際にいくらかかっているのか、どれくらいローンを借りているのか、まったくわからないという。そんななかで夫婦関係が破綻して、もはや親子の縁すら鬱陶しく思っている父親。自分は負担しないのにお金のことしか頭にない母親。泥沼の裁判を眺めながら両親の本心が見えた。

母親は高校を卒業したばかりの娘に半年ごとに55万円、それに卒業してから15

0万円の返済を突きつけている。現実感がなく、ただただ大きなお金ということはわかる。実際、札幌市内の普通の学生バイトで稼げる金額ではなく、風俗しか選択肢がないという現在に至っている。

「風俗嬢になったばかりの頃、正直、嫌なことばかりで精神的におかしくなりそうなこともありました。でも、お母さんは私のことは何も気にしてない様子で、話しかけてくるのは教科書代がいくらかかった？　とか、お金のことばかり。私も母親への気持ちとか、家族ってことにどんどん冷めてきて、最終的には私には関係ない人たちというか、一応親だけど何も頼れないって。そんな感じです」

母親は収入があっても、娘の学費を負担するつもりはない。受益者負担という国の方針を家庭に持ち込んで、自分自身の負担を回避したといえる。お金があったとしても高額な学費を負担したくないのだ。

北海道職員の平均年収は625万3588円（2020年）、母親は年齢が50代前半なのでこの平均年収よりもだいぶ高いはずである。そんな社会的強者の母親は娘の学費負担を回避して、所得税すら支払ったことのない、高校を卒業したばかりの娘にそれを突きつけた。

彼女はそれを当然のこととして受け入れ、自分で高額学費を負担する覚悟から始まって、価値が認められる若い肉体を売ることを選択し、家族に嘘をつき、母娘の距離はどんどん離れ、家族は崩壊することになった。

「母親にいちいち報告するのがすごくしんどくて、もう両親にかかわりたくないと思った。風俗の出勤日数を増やして、それで教科書とか全部自分で買った。お母さんには教科書は先輩にもらった、って嘘をつきました。お母さんはお父さんに、私の養育費を1円でも多く請求したい。娘の教育費は折半みたいな約束があるみたいで、だからいちいち聞いてくる。それと裁判で必要だからって、バイトのお金が入ってくる通帳を見せてほしいってなった。ネットカフェでバイトって嘘ついていて通帳を見られたらバレる。なんとか切り抜けようって思ったけど、しつこく問い詰められて面倒くさくなった。自分から風俗のことをいって、黙って家を出ました。親が仕事に行ったあと、荷物をまとめてこのマンスリーマンションに入った。家出です」

学費も家賃も食費もすべて自分で稼ぐ

話を聞く限り、母親は父親に娘の教育費を請求するが、母親自身はその負担はしていない。父親が約束どおりに教育費を負担していたとき、母親の懐にそのお金が流れている可能性が高そうだ。お金にこだわり、矛盾する一つひとつに娘はウンザリして心が離れた。

繁華街の中にあるマンスリーマンションは、家賃8万円。未来さんは学費だけでなく家賃も食費も、すべて自分で稼ぐと腹をくくった。母親は頼れない、実家には帰らない、もう二度と一緒には住まない――と決めた。中年男性たちにあらゆる性的行為をされる日常は、本当にツラかった。でも、もう母親を頼れないと思うと、どんな仕事だろうとお金になるからいいと思えた。

「母親からめちゃくちゃ電話きたけど、ずっと無視しました。もう夜の仕事を怒らないから帰っておいで、っていわれて一度帰った。そのときは怒られたりはしなかった。でも、しばらくしてから援助交際とか売春とか、恥ずかしい、情けないっていろいろいわれて。人にいえないような仕事だったらやめなさい！　って」

しかし、娘の風俗勤めが明るみになっても、母親は「自分が学費を負担する」とはいわなかった。

「大学続けるためにそれしか選択肢がない。なのに、だからやっているのに、やめなさいってだけ。話にならないと思ったし、もう、かかわりたくないと思った。それでまた家を出て、この部屋に戻ってきた。もう帰るつもりもないし、卒業しても母親と暮らすつもりもないです」

コロナ禍、実家には一度も帰らなかった。先日、久しぶりに母親から電話がかかってきた。

「学費の引き落としが近いから、お金を私の口座に振り込みなさい」

母親は、そんなことをいっていた。

賃金は下がり、学費と消費税は上がり続ける

この20年間で、ほとんどの人たちは貧しくなった。名目賃金も実質賃金も、1997年をピークにどんどん下落している。

現在の大学生たちの苦境の理由を簡潔にいうと、世帯収入が下落して親からの給付が減るなかで学費は上昇、そして、どんどん上昇する消費税で物価も上がった。

そんな悪条件のなかで受益者負担を迫られ、国が率先するその方針に多くの親たちが乗り、国と親がこぞって高額な経済的負担を未成年の子供に求めたことにある。子供たちに用意されたのは、学生ローンと呼ばれる日本学生支援機構による大学奨学金であり、親にお金がなければあなたが借金を抱えてください、というシステムになっている。

未来さんの祖父母にあたる団塊《だんかい》の世代、そして親世代のバブル世代や団塊ジュニア世代の人々が学生時代は、苦学生が美化されて「若い頃の苦労は買ってでもしろ」などと呑気《のんき》なことをいっていた。親世代が自分たちの時代の感覚で子供に苦学生をさせている間に、企業主導の雇用の非正規化や業務委託が整備され、学生アルバイトはきれいに低賃金となっている。勉強の合間にどんな仕事をしても必要なお金を稼ぐことができないため、平成以降型の苦学生は「価値が認められる若い肉体を売るしか選択肢がない」という究極の状況に追い込まれている、といえる。

デリヘルの登場と女性のデフレ化

「私は高校卒業したと同時に始めました。デリヘルです」

そう語るのは兵庫県在住、通信制大学1年生の松下萌さん(仮名・20歳)。オンラインミーティングの画面に映った萌さんは、目がクリッと大きい美人だった。札幌の未来さんに続き本当に美人で、芸能人でいえばベッキーに似ているか。かなり古い木造住宅に家族と暮らしていて、現在は自宅から配信している。今日、萌さんは朝8時に出勤し、2人の客を取って駆け足で自宅に戻ってきたという。

ここで、現在の性風俗の主流であるデリヘルの説明をしておこう。デリヘルとはデリバリーヘルスの略称で無店舗型ヘルスのことをいう。

デリヘルが一気に広がったのは2000代半ばだ。繁華街に店を構える店舗型が苦境に陥ってから激増している。店舗型の苦境は、2004年末に新宿歌舞伎町の治安対策と店舗型風俗店の取り締まりを主な目的とした「歌舞伎町浄化作戦」から始まる。石原慎太郎都知事(当時)と警察官僚だった竹花豊副都知事(同)がタッグを組んで、まず重点地域だった新宿歌舞伎町の店舗型風俗店を一掃した。すぐに都内全域と東京近郊の繁華街にまで広がって、店舗型風俗店の営業が困難となった。風俗店を店舗型から無店舗型に業態転換させる政策で、繁華街から風俗店が消えてデリヘルが激増することになった。

貧困が深刻化した今思えば、どうしてそんなことをしたのかという「大量の血」が流れた政策だった。

大量の血とは、無店舗化によって女性の価値が下がったことだ。店舗型風俗店の排除は治安回復や青少年育成、街の風紀や景観のためという建前で行われた。だが、不幸なことにこの施策は日本の経済的衰退が始まる時期と重なってしまった。繁華街に根づいていた店舗型風俗店は、合理的に集客→サービス提供するシステムができ上がっていて、それまで女性の価値は高い水準で推移していた。風俗嬢になれば簡単に稼げ、借金などの大きなマイナスがあっても生活が立て直せた。まさに、風俗はセーフティネットとして機能していたのだ。

無店舗化によって男性客と売上げが減り、男性客と2人きりなので女性への危険が増大した。挙げ句に単価は下落して女性のデフレ化が起こった。苦境から抜け出るために覚悟を決めて裸になっても、店舗型の半分も稼げないという状況となった。価値が半分になるのは大変なことで、言い方を換えると、1人の中年男性から精液を浴びるだけで生活できたところを、2倍の時間を費やして2人の中年男性から精液を浴びないとやっていけなくなった、ということだ。

一方、貧困女性の最後の砦を奪った本人たちは、とてつもない成功者となっている。副都知事だった竹花豊氏は２００７年に警察庁を退官後、松下電器産業株式会社役員、パナソニック株式会社常務、株式会社東京ビッグサイト代表取締役社長、綜合警備保障株式会社社外取締役、そして現在は株式会社熊谷組監査役と、華々しい経歴となっている。

進学校出身、夢は学校の先生

20歳の萌さんは女性の裸の価値がデフレに襲われ、新型コロナウイルスでさらなる打撃を受けたあとのデリヘルで働いている。

「学校の先生になりたいので、どうしても大学進学したかった。高校も進学校で卒業後に就職する人はゼロだったし、高卒で就職は頭になかったです。でも、親から大学のお金は一切払わない、自分でやれっていわれた。国立大学を受けたけど、落ちちゃった。予備校代と私立に行くために貯金をしようって風俗を始めて、いろいろあって結局、通信大学になりました。先生になるって夢のためです」

中学のときの担任に憧れ、中学・高校の教員になることを志した。専攻は憧れた先生と同じ数学で、子供の頃から勉強が好きだったので成績はよかった。県内でも上位の県立高校に進学。高校でも成績は上位で、国立大学は合格圏内だった。高校まで順風満帆だったが、お金がかかる大学進学という壁にぶつかって急ブレーキがかかった。

萌さんの両親は、一人娘の教育にまったく興味がない。両親とも娘の夢を応援する、進学費用の一部を負担することなど、頭の片隅にもなかったという。萌さんの口調や表情から父娘、母娘の関係は冷めきっていて、彼女自身も親になにも期待していないことがうかがえた。

「親はなにもしてくれないので、高校2年生くらいから、どうやって大学進学するか考えていました。結局、大学に行くためには水商売か風俗をやるしかないって思いました。風俗とか水商売のことはなにも知らないけど、そういう仕事をしようって。現役のときは国立大学しか受けなかったけど、受かっても落ちても、風俗の仕事はするつもりでいました。結局、浪人することになって、まず1年後に必要になる初年度納入金もないし、浪人するにしても予備校代が必要になるかもしれない。親は私のことには興味がないので、勝手にすれば、みたいな感じ。普通のアルバイトして月10万円とかじゃ、とても進学できないって判断です」

恋愛経験のない処女が風俗勤務

先ほどの未来さんと同じく、萌さんも高校在学中に風俗で働くことを決めていた。経済的なことを含めて進路を考えるなかで、高校の教室で〝カラダを売らざるを得ない〟と判断し、卒業式が終わってすぐに風俗店に面接に行っている。

萌さんは若くて美人なのでその場で採用になり、すぐに店員と近くのラブホテルに行って講習となった。講習とは風俗勤務初心者にサービス内容を教えることで、男性従業員と性行為を行う。萌さんは恋愛経験がない処女だった。そこではじめて性的行為を経験した。

「メガネをかけたガリ勉タイプだったので、高校時代にそんな経験ないです。恋愛経験もないし、今もないっていえばない。覚悟していたので、講習はこんなものかって感じでした。そのとき生まれて初めて男性の裸とか精液を見ました。次の日から出勤して、普通にお客さんをとりました」

予備校に行かない浪人、いわゆる宅浪だった。合格するための勉強だけでなく、自分自身の生活費に加えて大学受験費用、入学費用を稼がなければならなかった。夏までにできるだけ風俗店に出勤し、お金を貯めるという計画を立てた。目標金額は受験料20万円、それに1年後に私立だった場合の初年度納入金120万円、あわせて140万円。浪人中、予備校に行くかもしれないので、できればそれ以上の貯金が欲しかった。

高校時代に数カ月間、ファストフード店で働いた経験がある。最低賃金の時給900円で働いても、稼げるのは月に10万円程度。そのときの経験から普通のアルバイトで大学進学するのは不可能と判断し、風俗の道を選択している。

子供の学費を負担したくない親が増加

クラスでどちらかというと真面目で目立たなく、成績がよく、恋愛経験のない女子生徒が、高校在学中に風俗勤務を決意するのは異常な事態だ。オンラインの画面で表情や口調を見る限り、彼女の中で大学進学と風俗勤務はセットで、〝自分のために勉強をしているのだから、自分がカラダを売るのは当然のこと〟という意識があるようだ。

前出の未来さんも同じ意識で風俗嬢になっている。大学進学のために高校卒業後に即風俗入りするケースは一般化しているようにも見える。

大学生の貧困は親世帯の賃金低下や、学費高騰だけでは説明できないようだ。未来さんや萌さんのケースを見てわかるとおり、女子大生の現在の状況は親との関係と密接につながっている。苦境に陥る大学生の親の傾向は、大きく3つに分かれる。

①親世帯が相対的貧困に該当する場合は、子供の進学どころか自分自身の生活も苦しい。子供の貧困は7人に1人といわれるが、貧困当事者の親はとても大学進学費用を捻出できない。自分の生活で精一杯なので、高校卒業した子供に自立を求め、本人が奨学金を借りたり、アルバイトしたり、なんとか学生生活を成り立たせている。

②大学の学費は高額なので、貧困ではない一般家庭でも費用を賄えない。初年度納入金は私立文系の場合120万円、私立理系で150万円程度。授業料は私立で年間80万〜110万円ほど(2018年度、厚生労働省の調査)。2人以上世帯で貯金ゼロは23・6%(「知るぽると」調べ)と一定数が存在し、そもそも貯金できない状況で1人の子供に4年間で約400万〜550万円という大学

費用を負担しようがない。①と同じく、子供に経済的自立を求める。

③世帯収入に関係なく、子供の学費を負担したくない親が増えている。子供の学費のために自分の懐を痛めたくない。国が推進する高等教育の受益者負担という社会の潮流に乗じて、大学進学した子供に経済的自立を求める。

「金融事業」と批判される日本学生支援機構の奨学金制度は貸与型だ。日本は給付型の奨学金の割合や高等教育への公的財政支出が国際的に異常に低く、子供の進学に対する国の姿勢は「進学に必要なお金は有利子で貸してあげるので、それぞれの家庭で決めてください」というだけだ。貸与型奨学金は学生本人の名義で借りるので、子供が4年間で500万〜800万円の借金を背負うことになる。子供の借金なので親の懐は痛まない。

萌さんのように高校卒業で自立を迫られ、経済的苦境に陥る若者は膨大に存在している。そのなかの一定数が、価値が認められる自分の若い肉体を換金する性風俗を選択するのは、自然な流れといえる。夢がある、勉強したい、頑張りたいという若者ほど、昔ながらの保守的な換金方法である性風俗を選択する傾向にある。国をあげて若者たちに無理難題を押しつけた歪《ひず》みといえるだろう。

想像できなかった精神的ダメージ

ここまで具体的な行為を伝えたとおり、不特定多数の男性と性行為をする風俗嬢の仕事は非常にツラい。女性の裸の価値にデフレが起こって大したお金にならない大前提があるうえに、2人きりの個室やラブホテルで男性の欲望をストレートにぶつけられる。それに加えて差別や偏見の的になる、違法の可能性、男尊女卑が業界に浸透しているので搾取される、性暴力を受ける、情報遮断される、恋愛や金銭感覚がおかしくなるなどなど、高校卒業したばかりの勉強したい女の子が就くような仕事ではないのだ。本当になにもいいことがない。

萌さんは処女で風俗嬢になって、すぐに大学進学という目的のために鬼出勤をした。当然、無理が生じる。なにが起こっても、どれだけストレスが溜まっても、誰にもいえない仕事であり、必然的に精神的におかしくなっていった。

「結局、貯金するために風俗やって、それで勉強もしてってことはできませんでした。メンタルがダメになりました。最初はお金を稼ぐんだから、一気に稼ごうって週5日とか。一気に働くと体調崩すとかわからなかった。あと、お金って生きていくうえで必要やから、使うたびにどんどんなくなる。貯金以前に生活にいくらかかるとか、そういうこともわかっていなかった。後先見えてなくて、しんどくても我慢して、夏休みの頃にはメンタルがダメになった。まず風俗で働いてると嫌なお客さんにあたる。精神的にめちゃしんどいし、体力的にもしんどい」

親世代の不特定多数の中年男性に性的サービスをして、疲れ切って帰ってくる。知らないうちに精神的にダメージを負い、過食嘔吐をしたり、なにもやる気が起こらなかったりする。すぐに切り換えて受験勉強することは、とてもできなかった。

高校を卒業して風俗を始めたのは、2019年3月。最初から週5日、10時から20時というシフトで働いた。1日10時間、週5日は、自己裁量で出勤日を決めることができる風俗嬢のなかで、最も長時間な部類である。性的サービスは大変なサービス業であり、専業で従事する女性は少なく、ベテラン女性でも2勤1休、1日6〜8時間というシフトが一般的である。萌さんは風俗未経験どころか、処女なのに無理をした。

処女喪失は〝本番強要〟

「あまり思い出したくないことなんですけど、処女喪失は本番強要なんですよ」

萌さんは、そんなことを言い出した。本番強要とは風俗嬢にセックス行為を強要すること。風俗嬢や風俗関係者の間では〝本強〟とも呼ばれる。不特定多数の男性とセックス(女性器に男性器を挿入する)をして金銭をもらうことは売春防止法で禁じられる。

性風俗はいくつかの業態があって、ソープランドを例外として、本番サービスを提供することはない。女性が男性器を股に挟む素股(性交類似行為)でフィニッシュするのが一般的だ。

しかし、興奮する男性客が風俗嬢に本番強要することは、よく行われている。一歩間違えれば強制性交等罪になりかねない危険な行為だが、昔から膨大な数の男性たちが風俗嬢に対して本番強要している。未遂も含めれば、被害経験のない風俗嬢はいないだろう。本番強要が常態化するなかで、高校を卒業したばかりのなにも知らない萌さんは、当然のように被害に遭遇した。

「本強はよくされます。いつも、なんとか逃げていたけど、そのときは逃げきれなかった……で、中出しされました。それが初体験。泣きながらアフターピルをもらいに行きました」

不幸な初体験となってしまった最初の本番強要は、彼女にとって大きな出来事だったようだ。一体、どんなことがあったのか。

「風俗を始めて1カ月くらいのとき。相手は40代後半から50代前半の中年太りのおじさんでした。なんか威張ってて、あれやって、これやって、なんでできひんの？とか。具体的にいうと、しゃぶれとか、挟めとか、舐めろとか、そういう要求。基本だからせざるを得ないけど、お店の人から『挿《い》れられちゃうので素股はあんまりしないほうがいい』ってアドバイスはされてました。素股のときに挿入されて、中出しです。そのときは危ないからゴムつけるとか、そういう知識はありませんでした。まさか生中出しされるとは思ってなかったので」

おじさんは、中出しされて混乱する萌さんに「よかったで、お前も気持ちよかったやろ」と声をかけて帰ったという。恐怖と嫌悪感、それと溜まりに溜まったストレスがピークに達して待機室に戻って泣き崩れた。

風俗→ファストフード→風俗

「それからも、何度も何度も本強があって精神的に疲れました。勉強も全然できてなくて焦りがあったし、我慢が限界を超えちゃった。最終的にはもう無理と、一度風俗を辞めました。風俗を辞める、ということは大学進学を諦めたってこと。風俗を辞めてファストフードのバイトに移りました。普通のバイトでは、やっぱり自分の生活費しか稼げなかった。風俗を辞めて進学を諦めて、勉強も辞めちゃって、それが浪人に失敗した流れです」

高校を卒業したばかりの3月下旬に風俗嬢になって、その年の6月に疲れ切って一度辞めている。3カ月間で稼いだのは月60万円平均、合計で180万円ほどだった。100万円ほどの貯金ができた。教員になる夢を諦め、ファストフード店に移った。もう一度頑張ろうと思ったのは2019年末頃、通信制大学で教員免許を取得できることを知って入学した。

「コロナになってバイトがなくなったのと、やっぱり教員を目指すことにしたので、もう一度風俗に戻りました」

連日新型コロナウイルスの報道がされ、小中学校は全国一斉臨時休校になり、北海道や東京には緊急事態宣言が発令された。そんなときに風俗に戻っている。兵庫県も大騒ぎだった。日々、風俗店の苦境も報道されていたが、萌さんは出勤すればお客は付いた。不特定多数の男性への性的サービスは、もう慣れた。通信大学の学費は年間20万円程度と安く、以前のように無理して働く必要はない。出勤できるときに出勤する、という働き方をしている。

風俗嬢に出戻った萌さんは、まだ恋愛経験はない。風俗店でも性的サービス以外の男性経験はなく、プライベートではまだ処女のままだった。

父親は75歳、母親は45歳のフィリピン人

どうして、両親は一人娘の大学進学、そして教員になりたい夢の実現に関心がないのだろうか。萌さんの父親は工場のベテラン管理者で、母親は常勤の工員である。世帯収入は少なくとも500万円、おそらく700万円くらいはあるはずだ。両親の理解と協力があれば、高校卒業後にすぐ風俗店勤務という事態にはならなかっただろう。

「実は私、日本人とフィリピン人のハーフなんです。父親が日本人で、母親がフィリピン人です」

いわれるまで萌さんがハーフであることはわからなかった。現在、父親は75歳、母親は45歳で両親の年齢差は30歳もあった。父親が55歳のとき、彼女が生まれている。処女ながら風俗嬢になった過酷な話は淡々と語っていたが、両親のことになると若干投げやりな口調になる。両親が娘に興味、関心がないことから始まり、どこかの時点で彼女が諦め、両親に対して絶望感を抱いているように見えた。

「機能不全家庭というんですか、うちはおかしいと思います。家は兵庫県のすごい田舎で、お父さんは工場の管理職。けっこう上の立場のようで、まだ現役で働いています。お母さんは、お父さんとはまったく関係ない別の工場で働いています。結論からいえば、高校時代からお父さんに借金があることをずっといわれていて、その借金がなにか私にはわからない。お父さんの借金が理由になって、私はなにもお金を出してもらっていないって状態です」

両親が結婚したのは1996年、膨大なフィリピン人女性が入国していた時代だ。日本にフィリピン人女性が増え始めたのは80年代初頭からで、来日目的はダンサーや歌手として入国する興行在留資格を持っての出稼ぎだった。しかし、ダンサーや歌手活動というエンターテインメントでの仕事は建前で、全国各地にフィリピンパブが乱立し、彼女たちは水商売のホステスとして働いた。バブル期の日本は異常に景気がよく、まだまだ貧しかったアジア各国からの出稼ぎ志願者は絶えなかった。

彼女らは日本で一攫千金《いっかくせんきん》を目指し、フィリピンで歌やダンスの猛特訓をしてオーディションに合格して来日する。競争があって努力を重ねて実力が認められ、やっと日本に入国する資格を得ることができるシステムだった。オーディションに合格した女性たちは自国と日本の人材ブローカーを介して、雇用先や住宅を準備してもらって働いた。雇用先は日本全国にあるフィリピンパブである。

希望をもって来日しても、華やかな舞台での活動ではなく、露出度の高い服を着せられてホステスをさせられた。酔客やエロ客の相手だ。美人で優しい「フィリピーナ」は日本人男性から大いにモテて、フィリピンパブは日本全国で大流行となり、嫁のあてがない地方の男性を中心に国際結婚も増えた。

機能不全家族

フィリピン人女性の入国者数は、2004年に8万2741人とかなりの数となった。しかし、フィリピンパブや人材ブローカーによる搾取があり、週6日働き詰めでも手にできたお金は月10万円以下だった。日本人男性の妻となれば、配偶者等の在留資格を得られるため就労制限はなくなる。家族に仕送りするフィリピン人女性たちは配偶者等の在留資格を欲しがったという。

国際結婚にはさまざまな出会い、カップルの形があるだろうが、30歳という年齢差を鑑《かんが》みると、萌さんの母親はおそらくビザ取得目的の結婚だっただろうか。25歳のときに父親と結婚して、日本人として永住することになった。そして20年前、2001年に萌さんが生まれている。結局、この興行ビザ制度は、04年にアメリカ国務省から「人身売買」と非難され、廃止となっている。

萌さんは両親の話になると、二段階くらいトーンが落ちる。

「うーん、どちらも私の大学進学を反対はしてなかったけど、とにかくお金は出さないって感じです。無関心。自分のお金で大学行くのもいいし、行かないんだったらそれでもいいし、勝手にしい、みたいな。私にお金を使いたくないってより、あなたのことは自分に関係ないって感じですよね。あと、小さいときから家庭は機能してなかったと思う。ご飯もお母さんにつくってもらえなかったし、家族の会話もない。いつも家族は冷め切ってる状態ですよね」

小学校の頃から勉強はできた。ハーフでも日本人の名前で、イジメみたいなことを受けた記憶はない。県内でも有数の進学高校に入学して、上位の成績で卒業している。

「まず進学校に行けたのは、中学校のときは借金がなくて本当に普通の塾にも行かせてもらえたからかな。塾でずっと勉強してて気づいたら成績が上がって、進学校に行けたみたいな感じです。っていうのも私自身、塾に行ってた理由が、家に帰りたくないから。帰りたくないので、ずっと塾で勉強していたという理由がありました。帰ってもご飯がないし、帰る意味ないみたいな。ただ今も、おかえりも、なにもないし」

父親と母親は、基本的になにもしゃべらない。たまに話したと思ったら夫婦喧嘩、とにかく仲は悪いという。

「父親は暴言を吐く人。母親にはフィリピーナのくせにとか、日本語わからんのに偉そうにするなとか、そんなことをいっています。父親は男尊女卑に加えて、人種差別みたいな意識があって、外人の貴様は黙っておけみたいな。私も国立に落ちたとき、落ちたんか、情けない。あの女の娘だし、仕方ないか、けっ、みたいな感じでした。父親は、私がフィリピン人の母親の娘だから嫌いなんだろうなって思っていました」

「両親は私のことはどうでもいい」

終戦時に生まれた世代による家父長制的なふるまいや、男尊女卑は一般的な感覚だが、さらに家庭内で人種差別があった。もうひとつ、萌さんは中学のときに母親の故郷フィリピンに行っている。日本で母親は父親と喧嘩ばかり、家庭の団欒《だんらん》は一切ない。萌さんは機嫌が悪い母親しか見たことがなかった。しかし、フィリピンに帰った母親はまったく別人だった。陽気で明るく、楽しそうで、思いやりにあふれていた。

「びっくりしました。フィリピンに帰ると、お母さんめちゃめちゃ元気になる。機嫌いいから、私の話も聞いてくれた。そのとき、母親は日本とか父親が嫌いなんだって気づきました。嫌いというより、フィリピンのほうが好きなんだなって。お母さんは、私のことは日本で生まれた父親との子供だから、私に興味ないんだろうって思いました」

画面の向こうで、萌さんはウンザリした表情をしている。父親からは人種差別と男尊女卑で虐げられ、母親からは父親の子供ということで興味を持たれない。救いがなかった。その現実を萌さん自身が一番よく理解している。両親が自分の大学進学に協力してくれないのは、当然のこと、仕方がないと納得していた。

「そういう理由で、両親は私のことはどうでもいいってことです。だから、私も父親のことは嫌いです。母親のことも、そんな好きじゃない。通信なので風俗嬢していれば、学費と生活費はなんとかなるし、風俗やっていてよかったです」

大学を卒業しても教員になるまでデリヘルを続けるという。風俗でもっと稼ぐことができれば、家を出ることも考えている。これから大学3年になる。大学は通信制、仕事はラブホテルを巡る風俗嬢なので出会いはない。

恋愛経験は、まだないという。

平成は日本が衰退した時代

平成は女性と若者が貧困化し、日本が衰退した時代だった。とくに貧困化率が50・8％と過半数を超えて世界最悪の数字となった「ひとり親の貧困」（２０１４年、経済協力開発機構調べ)、そして約7人に1人という「子供の貧困」(2018年、厚生労働省調べ)が問題視された。厳しい貧困の現実が可視化されたことで、子供食堂など、貧困層への支援が活発に行われている。そして、ひとり親や子供の貧困に匹敵する厳しい状況にあるのが「学生の貧困」だ。

学生が貧困になるのには理由がある。親世帯の収入減、親世代のリストラ、学費の上昇、授業出席の厳格化、地方の衰退、学生バイトのブラック化、親や祖父母世代の無理解、消費増税などの要因が重なり、そこにコロナショックが襲ってきた。「女性の貧困は売春に、男性の貧困は犯罪に」直結するのは、今に始まったことではなく、戦前からいわれていることだ。10年ほど前から7大都市の繁華街のキャバクラ、ソープランド、高級デリヘルなど、価格が高めの風俗店は現役女子大生だらけだ。

今は本当にあらゆる女子大生が風俗産業に従事している。真面目な女子学生も、清楚な優等生も、学生生活の維持のため裸になってカラダを売っている。女子大生風俗嬢たちは、経済的な問題だけが風俗をする理由なので、所属する大学のランク、個人の性格、性体験のあるなしなどは関係ない。強いていえば、高所得世帯の子弟が多い現役東大生はあまり聞かないくらいで、繁華街に行けば難関一流大学の女子学生たちが普通に裸になって働いている。

国が学生たちに用意しているのは、日本学生支援機構の奨学金である。これを含めなんらかの奨学金を受けている大学生は47・5%となっており（2018年度・昼間部、日本学生支援機構調べ）、若者たちが数百万円の負債を抱えて社会に出ることが一般化している。大学や短大、高専の中途退学理由の1位は圧倒的に「経済的理由」であり、もうとことん大学生たちを追い詰めているのだ。

そんな絶望的な状況のなかでコロナショックが起こっている。

父親の介護がきっかけで精神崩壊

2021年2月8日、東京は二度目の緊急事態宣言の真っ最中だった。自粛が叫ばれてから早くも1年近くが経ち、平日14時の池袋は何事もなかったように人出が見られた。閑散としていた2020年4月の緊急事態宣言時とは、まるで状況は違っている。

池袋駅北口にはチャイナタウンとラブホテル街があるため、周辺は売買春や風俗の待ち合わせ場所として知られる。北口駅前は東京のなかでも有数の怪しい場所であり、狭小な出入口からひっきりなしに行き来する人々は、風俗客や風俗嬢、中国人や反社会勢力関係者などの比率が著しく高い。

北口駅前にある老舗喫茶店は満席だった。店内を覗くと怪しげな人々の3密状態で、それぞれがマスクを外して熱心に会話している。

西口に移ってみた。池袋の無店舗型M性感ヘルスに勤める錦城愛菜さん(仮名・22歳)に店名を添えたLINEを送ると、すぐにやってきた。

愛菜さんは多摩地区にある中堅理系大学4年生。留年が決まって来年も大学生だという。彼女が従事するM性感ヘルスとは、言葉責めや前立腺マッサージなど、女性から責めるプレイが基本の業態だ。

「一昨年、お父さんが脳出血になってから母親と一緒に父親の介護の日々でした。父親はほんとに横暴でメチャクチャな人で、男尊女卑みたいな感覚がすごくて、とにかく私に八つ当たりする。この状態が続くと、もう自分が壊れるなってギリギリな感じでした」

「話したい！」という前向きな雰囲気だった。すぐに親の話が始まった。

父親は71歳、母親は67歳。彼女は年齢を重ねた両親から生まれた。大学2年のとき、父親が脳出血を起こして介護が始まる。軽い麻痺が残る状態で要介護1の認定が出た。軽度な要介護状態である要介護1、2は、本人が動けるしコミュニケーションが取れるため、介護者が最も大変な状態だといわれる。

母親は元小学校教員、父親は無職で主夫、貧困家庭ではなかった。父親は家父長制の権化みたいな性格で、その性格は要介護状態になってさらに先鋭化した。横暴で偉そうな父親を母親と愛菜さんが分担して介護することになった。

「父親は毎日、毎日『俺は1人で死ぬんだ!』みたいなことをずっと叫んでて、母親と私がヒステリーの的みたいな。1人だと不安なので誰か視界にいてほしかったみたいで、身体介護というより、ヒステリー男の話し相手でした。もう死ぬからって叫びながら、次の瞬間にモノを投げてくるとか。半年くらいそういう状態が続いてウンザリしました。もう、いろいろ重なって狂いそうになっちゃって」

問題は父親の介護だけではないようだ。まず、気になったのは自宅から大学が遠すぎること。通学で2つの県を越している。聞くと、やはり往復5時間。理系なので授業もゼミも厳しく、さぼるようなことは許されなかった。一限に出席するため、朝6時に家を出た。ゼミが始まってからは、帰宅は連日22時過ぎとなった。

「実験室のゼミで課題がたくさんあって、それに父親の介護、家の家計もだんだん怪しくなってきました。介護が始まってしばらくしたとき、母親から今までどおりに学費の援助はできないからバイトしろっていわれた。それにブラック研究室に配属されて、夜遅くまで自主的に研究して、みっちり時間をかけて研究論文もちゃんと書けって。それに必死に就職活動しろって。3年になってゼミが始まって、母親にバイトも求められて、完全に破綻しました。本当に苦しいのに、父親は暴言を吐くばかり、母親はお金がない、お金がない、と嘆き出し、先生はとにかく死ぬ気で研究しろみたいな。誰にも私のシンドさが通じなくて、最終的には自殺未遂までしちゃったんです」

混み合う喫茶店の真ん中で、愛菜さんは声をあげて泣き出してしまった。客層が普通ではない店である。若い女性が泣いていても、誰も気にもとめない。

スカウトマンが「お金は特効薬」

突然、情緒が不安定になった。話そうと思っているうちに、介護とゼミが始まった2年前の混乱を思い出したようだった。涙が止まるのを待って、ゆっくり聞くことにした。

「学費は全額母親に払ってもらっていたわけではなくて、第一種奨学金(無利息だが返済は必要)を借りていました。全部学費に充てていて、母親に足りない分を払ってもらっていた。でも、父親の介護が始まって負担ができないってなった。突然そんなことをいわれたら、風俗やるしかないじゃないですか。ただでさえ眠る時間もないのに、それ以外に方法はないです」

67歳の母親は小学校教員をすでに退職している。退職後は福祉施設の非正規職員をしていたが、父親の介護が始まって働けなくなった。家計を管理する母親は、「学費の負担はできない」とお手上げ状態となった。母親に渡していたのは、日本学生支援機構の第一種奨学金で月6万4000円、年間76万8000円になる。学費は年間142万円で、愛奈さんから渡された奨学金の金額を差し引いた65万2000円を母親が負担していた。その負担ができなくなった。

「お金どうしようってとき、たまたまスカウトされたんです。お姉さんちょっといいですか、かわいいですねってベタな感じで。精神と体力がギリギリの状態でお金のことまでいわれたので、そのときは、もう限界超えてました。大学の友達に介護のこととか、学費のことは話せないし、もういいや、この人にぶちまけちゃおうってなりました」

スカウトマンに声をかけられて立ち止まり、そのまま近くのカフェに行った。スカウトマンに今までの父親の介護のこと、父親の横暴な性格、学費のこと、大学と介護で眠る時間すらないことを話した。そのときも、今みたいに泣いてしまったらしい。スカウトマンは「お金は特効薬。お金に余裕ができたら、お姉さんの気持ちも余裕が出てくるよ」といっていた。そのとおりだと思った。

ソープでは血が出るまで手マン

スカウトマンはキャバクラ、各種性風俗、AV女優のプロダクションから女性の発掘を請け負い、紹介する仕事だ。紹介した女性の売上げからバックマージンが支払われ、売れる女の子を見つけることができればお金になる。しかし、路上でのスカウト行為は都道府県の迷惑防止条例違反、有害業務への人材斡旋《あっせん》は職業安定法違反で、完全な違法業務だ。反社会勢力と深いつながりがあり、スカウトマンたちも少なくない金額を搾取されている。

「結局、ソープランドをやることにしました。新宿です。同じ大学に彼氏もいたけど、そのときは彼氏のことはなにも考えなかった。仕方ないって。ただ風俗嬢になってからは、彼氏とエッチしてるのにお店のことを思い出したり、逆もあったり。プライベートとお仕事のエッチが混ざっちゃって、シンドくなったときもありました」

忙しい理系の大学生が、日々生活に使うお金にプラスして年間70万円近くを貯めるには、普通のアルバイトでは不可能だ。目的を達成するには、単価が高くて出勤が自由な風俗しかなかった。週1、2日程度しか働けないとなると、待機時間が長いデリヘル、出勤時間が決まっているキャバクラも選択から外れる。客付きのいい大衆ソープランドが一番いいだろう、ということになった。

「ソープランドはすごくキツかった。オラオラみたいなお客さんが多くて、無理やり挿入されるとか、血が出るまで手マンされるとか。今までそんな仕事は経験ないのに、いきなり知らない人に血が出るまで手マンされて、無理やり押し倒されるとかショックじゃないですか。大学を卒業するために、こんなことをしなきゃならないんだって。スカウトマンに、もうちょっとソフトなことにしたいっていってM性感ヘルスに移ったんです。最初にあまりにヒドイ経験したので、M性感ヘルスは楽でした」

M性感ヘルスとは具体的になにをする店なのか。

「えっと、基本的には、男の人のアナルをマッサージして拡張してあげたりとか、あとはシンプルに手コキとか、お客さんの要望に合わせてやる。アナル開発コースとかソフトタッチ手コキコースみたいなのがあって、単価はどうしても安くなるけど、ソープより全然楽なのでいいです」

大学で飛び降り自殺未遂

風俗を始めたのは大学3年生の5月。もうすぐ2年になる。

最初は土日祝日を中心に週1、2日の出勤で、収入は月15万円程度。大学と介護の合間を縫っての風俗勤務は大変だったが、学費の目途《めど》がついたことで精神的に楽になった。愛菜さんは、また「泣いてもいいですか？　つらくなってきた。はぁ」といって泣き出した。どうも泣いてしまう原因は、風俗ではなく、介護する父親、それと大学のゼミにあるようだった。

「自分の中では学費とかお金の問題より、うーん、父親がいる家が気持ち的に耐えられなかった。父親には子供の頃からお前はダメな奴だ、お前はなんの能力もない、っていつも怒鳴られてた。介護するようになって毎日いわれるようになって、そんななかでソープでレイプみたいなことを何度もされて、忙しくて眠る時間もなかった。睡眠不足が原因だろうけど、父親に殺意みたいな感情も湧いてきたり。このままだと、本当にまずいと思っていました」

3年の後期からゼミが始まった。厳しい研究室で毎日遅くまで勉強し、朝5時起き、帰りは22時という毎日。帰宅してから父親の介護をして、暴言を吐かれ、そして休日は午前中から風俗勤めである。

「3年の12月。研究室に大きい窓があって、衝動的だったけど、そこから飛び降りちゃったんです。ゼミの先生はアカハラ(アカデミックハラスメント)で有名な教授で、教えられてないことをやれって怒鳴られて、できませんっていったら、ダメな人間だって。それからイジメの対象になって、みんながいる前であいつはダメな奴、あいつは無能みたいな扱いでした。大学では教授から、家では父親から罵られ続けておかしくなっちゃったんです」

課題の発表があった。おそるおそる教壇に立って、長い時間かけて準備した課題をプレゼンした。腕組みしていた教授は、「無能な女の話を聞かされて耳が腐るわ。ははは」みたいなことをいって、プレゼン資料は破り捨てられた。学生もみんな教授につられて笑っていた。

「父親にダメな奴、ダメな奴っていわれて、教壇に立って教授がケラケラ笑っていて、同じ研究室の人たちも笑っていて——私、なんか生きてちゃダメなのかなって。死んでもいいかなって。突発的に思った。それで窓を普通にスッとあけて、飛び降りました。2階だったのでケガで済んだけど、あのときは本気で死ぬつもりだったから危なかったです」

学内での飛び降り自殺未遂は大問題になった。教授のアカハラが明るみになり、厳重注意処分になった。愛菜さんは精神科を受診、適応障害と診断がされた。それから半年大学を休学となって留年が決まった。

「自殺未遂は大学から親にも連絡があって、そこで父親がやっと私のシンドさに気づいてくれた。回復には時間がかかりました。休学して大学に行くのをやめて、父親の介護もやめて、風俗だけにしたんです。それまでは大学に行くたびに吐き気とか涙が止まらなかったけど、それもなくなった」

休んでいる間、風俗にたくさん出勤して稼いだ。お金の心配もなくなった。休学してすべてのストレスの原因から距離を置き、思い切って風俗をしたことで楽になった。

「風俗をやったからお金の心配することなく、思いっ切り休むことができた。感謝していますよ」

時間の余裕もできた。コロナ禍のなかで就活もしている。理系の就職の実績がいい大学である。来年、希望業種の大手企業に就職する予定だ。

新型コロナで死に体の下層風俗嬢

緊急事態宣言が続いている。大塚のピンクサロンも、20時までの時短営業をしている。20時になるとピンサロを含む、すべての店は電気を消して閉店準備となる。ピンサロ街の方向から女性が続々と駅に向かっている。おそらく仕事を終えたピンサロ嬢たちだ。彼女たちの疲れた後ろ姿は、もの悲しかった。

20時15分頃。大塚駅前にピンサロの仕事を終えた加藤恭子さん(仮名・21歳)がやってきた。九州出身、福祉系大学3年生だ。学費と生活費のために大学1年からピンサロや激安デリヘルで働き、今も大学生をしながら風俗のダブルワークを続ける。自宅は西武線沿線で家賃5万5000円、日本学生支援機構の第二種奨学金を月8万円借りている。

大塚駅前の店は、どこも開いていない。仕方ないので、反対側の南口駅前で話を聞くことにした。肌寒いので何本か缶コーヒーを買う。

「ピンサロは今、12～20時の営業でシフト制。いつもは16時からの遅番なので4時間しか働けない。コロナでお客さんは半分くらいに減って、私は大丈夫だったけど、みんな出勤制限がかかったり、お客さんがいなかったら早退させられたりしてる。店はそういう人件費削減をしていますね」

コロナによって風俗嬢の働き方は大きく変わってしまった。デリヘルやソープランドなど、一般的な風俗店は完全出来高制で、お客が減るとダイレクトに収入が減る。お客が半減したなかで収入を維持させるためには、長く待機してお客をとる、もしくは直引《じかび》きするか。直引きとは、お客さんと店を通さずに会って稼ぐこと。風俗嬢たちは、それぞれ工夫しながら生き残りを図っている。

一方、ピンサロやキャバクラは店舗型の営業で時給制だ。女の子たちは店側に管理されている。店の支出は人件費がほとんどで、出勤日数や働ける時間を減らして調整する。お客が半減すると、女の子たちの働く時間も半分に減らされて時給制のキャバ嬢やピンサロ嬢たちは、コロナの影響をモロに受けている。恭子さんが勤めるピンサロは、若い女の子は現状維持、売れない女性や年配女性の勤務時間が減らされているようだ。

時給2300円、16時間連続勤務

「上京してすぐデリヘルで働いて、それからピンサロに移った。いろんなピンサロで働きました。回転系の店でみっちりやっていたときは、朝7〜23時の通しとか。時給2300円くらいだったかな。休憩なしの2300円×16時間で、日当はまぁ3万6000円くらい。夏休み中はそれを週5日とかやって月収は70万円くらいでした。そこまでやると、さすがに疲れます。ずっと誰かと性行為をしているので、本当にキツイです」

ピンサロは隣にいる男性客の男性器をおしぼりで拭いて、口淫し、射精に導く。フィニッシュは女性の口内なので、まさに精液まみれとなる。東京のピンクサロンは2回転、3回転の制度があり、ピンサロ嬢たちはひたすら口淫という過酷な労働になる。

「回転系の忙しい店だと、本当に1日100人とか。キツいです。回転だからバックが付かないので、モチベーションが上がらない。余計にキツい。どんだけフェラをやらされても、報酬は時給だけ。普通、ピンサロって1人付いたら時給とは別にプラスいくらっていうところが多いけど、回転系の店はもともとの客が払う金額が安いから、女の子にバックが入らない。私がいたところは、そういう条件の悪いところ。だから、今の大塚では回転なしの店でやってます」

恭子さんは少しポッチャリとした体型で、雰囲気は地味だ。やはり中学や高校のクラスでは目立たないタイプだったようだ。九州の実家は、シングル家庭。物心ついた頃から父親はいなくて、母親は雇われの美容師をしながら恭子さんを育てた。美容師の収入は低い。大学進学費用をまかなえるような家庭ではなかった。

「母子家庭で、さらに現役時代に未払いで年金をもらえていない祖父母がいた。母親は給料13万とか14万円で、住宅ローンも抱えている。お金はまったくないと思います。家庭が経済的に苦しいのは、一目瞭然だったので、高校時代からバイトして家にお金を入れていました。高校1年のときから扶養控除ギリギリくらいまでバイトして、月4万円を家に入れてました」

高校時代は、ホテルの配膳の仕事をした。授業が始まる前のモーニングの時間に働いたり、学校が終わってから駆けつけてディナーの配膳をした。学校とバイト先の往復で、恋人みたいな存在はできたことがなかった。恭子さんはなんと処女のまま上京、男性経験が一切ないままデリヘルに勤めている。

太っているので単価が高いところは無理

高校3年のとき、将来は高齢者介護か保育か迷った。資格が欲しいと思ったので、結局、社会福祉士養成の大学に進学する。

「資格も欲しいと思ったけど、東京に行きたいと思ったので、無理して進学しました。貸与型奨学金を月10万円ぐらい借りることにして、奨学金は全部学費に充てています。あとはバイトで稼いで生活しようって。家賃と生活費で最低13万円くらい必要。上京してすぐに飲食店を掛け持ちでバイトしたけど、やっぱり全然お金が足りなくて、夏前に風俗始めました。最初は激安デリヘルみたいなところに行って、それからピンサロです。ピンサロは大塚以外にも、巣鴨とか五反田《ごたんだ》とか、いろいろ行きました。安い店ばかりなのは私、太っているので単価が高いところは無理かなって」

初めての性体験はデリヘルに面接に行ったとき。ラブホテルに連れていかれ、店長から講習を受けた。風俗店の講習はスタッフを男性客と想定してサービスをする。

「処女だっていったら、最初から発射までやりました。普段は発射までやらないらしいけど、まったく経験がないんだからやろうと。最初は男性の裸とか男性器とか、やっぱり気持ち悪かった。触るどころか見るのも抵抗があって、しばらく嫌々やってました」

大学に行きながら月13万円を稼ぐのは、風俗しかなかった。

恋愛経験なし、男性経験なし、処女——。恭子さんは自己評価が低い。ガールズバーやキャバクラは美人が働くというイメージがあり、風俗も高級店は若くてかわいい女の子ばかり。自分は安価な店しか採用されないだろうと、激安系の店を選択。最底辺と呼ばれるピンサロで働くのも、自分のレベルに合っていると思ったからだ。

大学1年の夏から風俗嬢になって、冬休みにはピンサロ嬢になった。それからずっと男性器にまみれた大学生活を送っている。

卒業しても風俗続けます

先日、介護施設に実習に行った。高齢者施設で働こうと思ったので、社会福祉士以外にも初任者研修を受けている。

「初任者研修の実習があったんですよ。グループホームに行ったけど、ちょっとできないなって思いました。やっぱシモのお世話とかあるじゃないですか。そもそも基本的なことだけど、それがダメで。ピンサロで男性器は大丈夫だけど、シモは苦手。臭いのがすごく嫌でした。社会福祉士は相談職なので介護とは少し違うけど、介護施設を見て、心からやりたくないなって。だから、福祉の仕事はどうでもよくなりました」

実際に進学して方向性が違うと思っても、第二種奨学金を借りているので、毎月

10万円が積み上がっていく。来年、卒業のときには借金は480万円になる。そして、すぐに返済が始まる。

「大学卒業はできるけど、社会福祉士の試験は受からないと思う。大学と生活するためのピンサロで精一杯だし、何十教科も勉強するのは無理です。それに、福祉の仕事をしても賃金が安いから奨学金は返せないだろうし、480万円も借金背負ってしまうので、卒業しても風俗続けます」

日本育英会の貸与奨学金が独立行政法人化して金融ビジネスになったのは、小さな政府を目指す新自由主義の一環である。残念ながら、恭子さんが目指した社会福祉士や介護福祉士が誕生したのも、超高齢社会を迎えるにあたって介護事業を民営化させるための施策であり、国家資格をつくれば人が集まり、資格養成ビジネスが活気づく。

九州の田舎で地味な女の子だった恭子さんは、高額な資格ビジネスに誘導され、そのために必要な資金を国が用意した金融ビジネスから借り、とても480万円の元がとれるとは思えない低賃金職に就こうとしていた。何重もの搾取の真っ只中にいるので、順調に行くはずがない。

そして、その穴を埋めるために選択したのが過酷な労働に見合わないピンクサロンで、たいして稼げていない。卒業後もピンサロを続けてその金融ビジネスへの返済をするという。

東京に出てきて3年が経った。結局、ピンサロ仕事に追われて恋愛することはなかった。毎日、知らない人の男性器に囲まれながら、まだ処女のままだ。

第三章

熟女の貧困世界

2020年4月、ステイホームが叫ばれ続けた。

大企業からリモートワークが始まり、満員電車はなくなった。オフィス街、繁華街にも人は本当にいなくなり、いつもはあふれるように人が集まる渋谷の街は前年度比85％も人出が減った。新型インフルエンザ等対策特別措置法に基づく緊急事態宣言が発令され、東京都は「不要不急の外出」の自粛を都民に要請し、街の商店、デパート、映画館、パチンコ店、ファミリーレストラン、居酒屋、飲食店、あらゆる店舗が閉鎖された。

私的に取り締まりや攻撃を行う〝自粛警察〟も現れ、とくに営業を続けるパチンコ店は自治体やマスコミも加わって総攻撃を受けることになった。渋谷、新宿、池袋という副都心と呼ばれる巨大な繁華街に出ても、営業しているのは家電量販店、コンビニ、薬局くらいで、新型コロナの影響ははかり知れないことになった。

「もう死ぬかもしれません。私、どうすればいいでしょうか？」

4月12日、全国に非常事態宣言が拡大される直前に、福岡県博多区在住の風俗嬢・中野涼美さん(仮名・35歳)から電話がきた。ベテラン風俗嬢だ。

涼美さんは岐阜・金津園《かなづえん》、福岡・中洲と働く場を転々としている。性風俗は未経験者や素人が持てはやされ、年齢と経験を重ねるごとに価値が下がっていく。他業種ではありえない残酷な〝逆年功序列制〟がある。

加齢でどんどんと収入が減り、ギリギリの生活を続けていたが、突然起こった新型コロナ騒動で収入がなくなってしまった。最低限の生活も送ることができなくなり、混乱していた。

「もう死ぬかもしれません。私、どうすればいいでしょうか?」

切羽詰まった声でいう。涼美さんは困窮どころか、〝最悪、餓死かも〟みたいな危機的な状況を自覚して焦っていた。お客は激減、出勤しても仕事はなく、知っている番号に電話をかけて「どうすればいいか?」と相談しているようだった。

本書のタイトルとなっている〝新型コロナと貧困女子〟は、この熟女の章から深刻になっていく。

深刻な背景を簡潔に説明しておこう。女性の貧困には戦前から性風俗や売春がセーフティネット的な役割を果たしてきた。平成に起こった日本の経済的衰退で、まず女性から続々と経済的な苦境に陥って転落した。前章の女子大生たちが学業継続のためにカラダを売ることを余儀なくされ、女子大生が風俗に入ってくるたび、30歳を超える女性たちの価格が下がり、市場から追い出されていく。

新型コロナ以前の段階で中年女性たちは風俗や売春をしても、生活保護水準の生活も維持できなくなっていた。絶望的な状況のときに新型コロナ感染症が襲った。

有事のときに風俗嬢が深刻となる理由に、風俗が貧しい人々が従事するセーフティネットであることに加え、もうひとつ報酬の支払い制度が挙げられる。風俗嬢は店から業務委託を受ける独立事業者であり、収入はその日の労働対価をその日のうちに受け取る日当制である。

多くの一般国民は企業に所属し、労働基準法に守られながら月給制で働く。企業を通じて雇用されて社会保障などの再分配も受けている。新型コロナは猛威と呼べるレベルで経済を破壊しているので、当然、企業に守られている国民にもなにかしらネガティブなことが起こるだろう。日当の風俗嬢は猛威が来たその日から困り、月給制の一般国民は1カ月半以降に直接影響が及ぶ。風俗嬢たちはこれから多くの人々に起こる絶望を1~2カ月前倒しで経験していることになる。涼美さんだけでなく、全国の風俗嬢は突然収入を断たれ、今パニックとなっている。

彼女は自宅のある福岡県ではなく、沖縄県那覇市にいた。

餓死も想像するような状態

「1年前から沖縄に出稼ぎに来ているんです。福岡ではお客が減って、本当に売れなくなって、6万7000円の家賃が払えなくなりました。1年前に、もうこのままじゃ生きていけないってなった。それで系列の沖縄の店に出稼ぎ志願しました。2月までは月25万円くらい、3月は18万円。それで今月は4月1日に1本ついて6000円だけ。あとはずっとゼロ。那覇の松山に店の寮があって、今はそこに住んでいます。1日3000円かかる。毎日かかる寮費は払えないし、福岡の部屋もそのまま家賃を払い続けているし、コロナでお客さんどころか街に人もいないし、本当に厳しいです。もう終わりです」

沖縄の観光客は2019年上半期、534万8600人(沖縄県発表)で過去最高を更新した。那覇市は県内でももっとも活気のある地域だが、新型コロナの影響でまず中国からの観光客がいなくなり、4月にはインバウンドだけでなく、国内観光客もいなくなった。そして、4月16日に非常事態宣言が全国に発令された。

沖縄県は県民所得が全国最下位、もしくはブービーを行き来する最貧困県だ。経済を回しているのは内地企業と観光客であり、県民は内地企業に安く使われている。県民は貧乏なので繁華街や風俗店は観光客がメインとなっている。価格が高めのデリヘルは観光客比率が高く、涼美さんはダイレクトに影響を受けている。

4月以降、男性客はぱったりと途絶え一日中待機ばかりとなった。4月7日までの売り上げが6000円だったことで破綻が決定的となった。悩んでいる間にも毎日3000円の寮費がかかる。完全にやっていけなくなり、このままの状態が続けば、餓死も想像するような状態だと自覚するようになった。

「4月の収入は本当に6000円だけ。4月1日以降、本当にぱったり人が来なくなりました。12〜24時で待機しても、1週間ずっとゼロ。それで店からも、福岡の本部みたいなところからも見放されました。まったくお金がなくなって、寮費も払えない。店からはお前はいらないから、もう帰れって。福岡の家賃も催促がどんどんきて、10万円を弟から借りました。それで生き延びている感じ、もうダメそうです」

風俗嬢は業務委託の出来高制なので、出勤してもお客がつかなかったら収入はゼロとなる。お金にならない女性には店側も冷たい。さらに内地からの出稼ぎなので涼美さんはよそ者である。店への借金が日々膨らんでいく。不安を抱えながら焦り、いくら待機しても、そもそも客層のメインである観光客が激減しているので誰も来ない。

突然の収入減、収入ストップは働いている男性スタッフも同じだ。みんな苛立《いらだ》ち、店内の雰囲気は悪い。4月に入って食べ物を買うこともできなくなった。とにかくお金がない。電話して弟から送ってもらった春雨とおかゆのレトルトが、あと10日分くらい。現金は1万円を切り、財布には数千円だけ。沖縄には誰ひとり、友達も知り合いもいない。どうしていいかわからなくなっているのが現状だ。

「コロナにかかったら、たぶん死にます」

沖縄県知事は非常事態宣言を受けて、ゴールディンウィークに訪問予定の観光客にキャンセルを呼びかけた。そして、沖縄県最大の繁華街・那覇市松山にも、まったく人通りはなくなった。キャバクラや風俗の売り上げは3月で半減、4月以降は9割減まで落ち込んでいる。緊急事態宣言発令後、観光客頼りの店はわずかな売り上げもなくなった。

窮地を訴える涼美さんに、風俗嬢になった理由を聞いた。

「風俗に入ったきっかけは、19歳のときにインフルエンザ脳症という病気にかかったことです。医者の処方箋でロキソニンを飲んでしまって。悪化して一生治らないって。簡単にいえば、脳に菌が入ってしまって元に戻らない。だからコロナにかかったら、重篤化して死ぬといわれています。悪化するとカラダが痙攣《けいれん》して、幻聴とか幻視が出てきてパニックになる。狂っちゃうわけです」

専門学生時代、インフルエンザにかかった。寒気や発熱にうなされたが、それでは治まらなかった。悪寒を超えて痙攣が止まらなくなり、暴れて意識不明になった。救急搬送された。菌が脳に到達するインフルエンザ脳症と診断された。処方された薬の副作用で病状は悪化し、このとき医者に「一生治らない」といわれている。今通院する主治医には「コロナにかかったら、重篤化してたぶん死にます。気をつけるように」と、釘を刺されている。

「元に戻らないっていわれて、学校とか将来とかどうでもよくなりました。人生がいつ終わるかわからないので、欲しい物とか買える生活が送りたいって思った。それで風俗嬢になったんです。実家からいちばん近い風俗街は、岐阜の金津園。ソープ嬢になりました。最初は若いから簡単に稼げた。お金がどんどん入ってくるから面白くて、気づいたら前向きに働くようになって、当時の風俗雑誌とか風俗サイトにもどんどん出ました。平均して月120万円くらい。あの頃は、それなりに充実していました」

自暴自棄で風俗嬢になり、簡単に稼げる仕事という意識しかなかった。金津園時代に「会長」と呼ばれるソープ店オーナーに、いろいろ教えを受けたことでそれが変わった。

「金津園はいろいろ厳しかったかな。料理の勉強とかさせられた。あと店の掃除とか、言葉使いとか。どうしてこんな厳しいのか聞いたけど、会長は『こんな仕事はいつまでも続けるものじゃない。いずれ社会に戻る。家事手伝いをしていたってことにして、家事ができないと結婚もできないだろう。やれ』といわれた。それは、そうだと頷いた。いろいろ心配してもらって、教えてもらって、風俗は悪いところじゃないと思った」

涼美さんは治らない病気を抱えながら、ずっと不特定多数の男性相手に性的サービスをしてきた。恋愛も結婚も興味を持てなかった。病気があって、不特定多数に性的サービスをする風俗嬢で、どうしても誰かを巻き込んだ自分の未来を想像できなかった。

淡々と目の前にあるソープランドの仕事をして、稼いで適当に消費し、なにも考えないで生きてきた。淡々と日々が過ぎ、30歳を超えても風俗嬢のままだった。

「30歳を超えて売れなくなりました。稼げなくなった。だからといってほかの仕事もできないし、パートナーみたいな助けてくれる人もいません。孤独。本当に孤独です。32歳のときに福岡の博多に引っ越して、九州で人生をやり直そうって思った。でも結局、昼職に挑戦できなくてデリヘル嬢です。専業でやっても、稼げるのは金津園のときの半分以下、せいぜい月40万円くらい。普通に一人暮らしで生活したら、きれいになくなっちゃう金額ですね。で、35歳すぎたらデリヘルでも売れなくなって、家賃を滞納するようになってみたいな……」

博多で借りている部屋は、風俗嬢、ホストを専門にしたワンルームマンションだ。入居条件が緩い代わりに、退去に対しては厳しい。契約途中で退去するとき、大家からなにかしら理由をつけて多額のお金を請求される。以前、同じマンションに住んでいたデリヘルの同僚は50万円以上を請求されて、困り果てた挙げ句、消費者金融から借りて払っていた。

「今の生活のお金だけじゃなくて、部屋の契約解除のこともあって、もうどうにもならないんです。今の私に50万円なんて、死んでも払えないです」

売れないベテラン風俗嬢に店は冷たい

新型コロナウイルスの影響が深刻化した4月以降、客が来ない那覇のデリヘル待機室で、誰とも話さないままお金の不安を抱えて時間ばかりが過ぎた。今までの人生がすべて否定されたような時間だった。2時間くらい経ったかなと時計を眺めても、30分しか経っていない。誰にも必要とされないし、誰も助けてくれないし、誰も自分に興味がない。時間が過ぎても心には不安しか残らない。

売れないベテラン風俗嬢に店は冷たい。「お前、邪魔だから早く家に帰れ」など、冷たい言葉を数日おきに投げられている。

店から支給された那覇空港から福岡までの片道航空券だけはある。しかし、緊急事態宣言で閑散状態の博多に帰っても、生活ができるとは思えない。とにかく、4

月20日までに払わなければならない6万7000円の家賃は、もう絶対に払えない。

新型コロナで全国の繁華街が壊滅状態になってしまった現在、数千円しか持っていない涼美さんが自力で困窮状態から脱出するのは不可能だ。福祉に頼る段階である。まず、社会福祉協議会の困窮者向け「緊急小口資金融資」を借り、そのお金を持って福岡に帰り、早急にこれから生きるための整理をするしかない。電話口で休業補償や生活保護の申請など、あらゆる制度を検討することを勧めたが、所属する風俗店は収入明細の発行は「できない」の一点張りだという。

「福祉に頼れっていわれても、多くの風俗嬢は源泉徴収も引かれません。私も申告なんてしないし、休業補償で収入を証明する書類を求められても、そんなもの提出できません」

風俗嬢には収入を申告する、税金を払うという文化がない。社会から除外されても、性を売れば自立できて稼げる時代が続いた。国も必要悪として、納税の義務についてもうるさくいわなかった。

厚生労働省は一斉休校に伴う休業補償の対象から真っ先に暴力団員と風俗関係者を除外していた。風俗嬢への職業差別、偏見、社会的排除は今に始まったことではないが、今までは彼女たちが稼げるから大きな問題にはならなかった。しかし、日本に貧困が蔓延した現在、風俗嬢が貧困、困窮、社会的弱者となっている。そして、綱渡りのように最低限度の生活をしてきた彼女たちは、新型コロナウイルスの感染拡大によって、一線を超えて最低限の生活すら維持できなくなった。

「実家に帰るしかないです。幸い親とは仲は悪くないので、いつでも戻ってきていいって。なんとかマンションの契約を解除して、実家に帰るまで踏ん張るしかないかな。実家に戻れたらスーパーのレジとか、介護職とか、そういう仕事をなにかして細々と暮らします。近所で働きます。風俗やって後悔はないけど、こんな末路になるとは思わなかった。本当に情けないし、終わっています」

緊急小口資金融資を借りることができなければ、ホームレスになる状態だ。

自力解決は不可能であり、福祉による支援が必要である。おそらく大丈夫だと思うが、社会福祉協議会から門前払いなどされないことを祈るばかりだ。筆者の自宅近くの社会福祉協議会は、困窮者が長蛇の列をつくっていた。涼美さんが今持っている現金数千円で暮らせるのは、せいぜい明後日まで。

今30歳を超えた風俗嬢の多くは、生きるか死ぬかの状態となっている。その絶望がもうすぐ一般国民にも襲ってくる。本当にヒドイことになってきた。

需要をはるかに上回る女性の性の供給

4月24日、東京・北千住。緊急事態宣言下で、外出自粛要請が出されている東京の繁華街は静かだった。人出8割減を達成する渋谷や新宿と同じく、下町の繁華街・北千住も丸井駅ビルが閉鎖され、見たこともない淋しい風景があった。

説明したとおり、30歳を超えた専業風俗嬢は、新型コロナ騒動以前から経済的に非常に厳しい状況に陥っている。平成時代、新自由主義を徹底した日本は女性を追い詰めすぎた。東京の繁華街のガールズバーや価格が高めのデリヘルに行けば、働いているのは現役女子大生だらけだ。彼女たちが所属する大学は、難関一流大学がズラリである。

本来ならば風俗産業を担うべきベテランや熟女風俗嬢は、若さと旬な肉体を持つ現役女子大生たちに押し出され、どんどんと価格の安い店に移動を余儀なくされた。

風俗の世界は新自由主義的な市場競争が激しく、すでにコロナ以前の段階で男性の相手をして手取り3000円、4000円という報酬はザラであり、そのような金額で見知らぬ男の精液を浴びている。待機時間を含めるとその金額は最低賃金や最低生活費の基準を軽く割っている。

繰り返すが、現在、女性の性の供給は男性の需要をはるかに上回り、限度を超えたデフレとなっている。価格下落は一人あたり単価で半減、月収ベースで6割、7割減とすさまじい。彼女たちは最終手段であるカラダを売っても、自分1人の生活さえ支えることができない。最終手段を使っても、苦しい生活から逃れられない深刻な状態なのだ。

緊急小口資金の貸し付けを断られた

北千住駅前で待ち合わせた吉原のソープ嬢・後藤麻那さん(仮名・31歳)は、店の休業が決まった翌日の4月8日、わらにもすがる思いで緊急小口資金貸付の申請に行ったという。

本番を提供するソープランドは風営法では認められるが、売春防止法には違反するグレーな業態だ。ソープランド事業者が加盟する組合は、警察や行政と密に連絡をとっている。警察や行政のいうことは聞くので、摘発はやめてほしいという構図だ。組合の力が強いので都から自粛要請が出されれば、経営者やソープ嬢の生活が犠牲になることがわかっていても、2つ返事で聞かざるをえない。

突然休業となって収入源を失った麻耶さんは、社会福祉協議会に行った。社会福祉協議会の生活福祉資金は、困窮者に向けたセーフティネットであり、緊急事態宣言下で緊急小口資金の貸付金枠は10万円から20万円に拡大していた。しかし、麻耶さんは窓口で貸し付けを断られた。

「緊急小口資金でしたっけ？　4月7日に緊急事態宣言が出て、突然お店が閉まったんですよ。で、明日も、明後日も働けるって普通に思っていたんでヤバいじゃんってなった。そのときに3万円くらいしか持ってなくて、家賃も携帯代も払えないし、ガスも電気も止まると思った。緊急小口ってお金を貸してくれる制度があるって、風俗嬢の間で駆けめぐっていたのですぐに区役所に行きました。とりあえず、行けば大丈夫だよって話だったので」

麻耶さんはまず、区役所に行った。役所の福祉部門の窓口に相談したら、住所を聞かれた。そして、地域の社会福祉協議会に行くようにいわれた。

「社会福祉協議会で普通に申請すれば、20万円をすぐに貸してくれると思っていました。社会福祉協議会では、事前に予約っていわれたので、その場でずっと待ってやっとと思ったら『書類持ってきてますか？』って。書類？　なにか必要なんですか？　って聞いたら、今までの収入を証明できるものとか、その明細とか。いや、なにも持ってないですっていったら、それでは申請できませんし、用意してもらったとしても順番待ちになりますし、予約にも時間がかかりますって。本当に困るっていったら、また別の窓口に回されました」

区役所→社会福祉協議会と回されて、次は別の地域にある生活支援窓口を指定された。事務的で乱暴な印象だった、という。しかし、実は区役所のその相談窓口で応対する女性たちも、多くが貧困に近い生活を強いられて苦しんでいる。

平成に日本が貧困化したのは、雇用という国民のセーフティネットを壊したからである。非正規雇用を激増させた労働者派遣法の改正だ。

雇用を壊して労働の価値を下げたことによって、主に女性が貧しさにあえぐことになった。そしてその悪しき法改正を、最も前のめりで利用したのは地方自治体だった。現在の地方自治体が運営する公的機関は、非正規雇用だらけの貧困の巣窟である。非正規公務員の多くは最低賃金、最低生活費に近い賃金で働かされている。

麻耶さんのケースだと、生活困窮者が生活困窮者に相談していることになる。

「生活支援なんとかってところは、いちおう話は聞いてくれたかな。風俗業でコロナで店が閉まったことを伝えて、『今仕事はないってことですよね？　今お金はいくらありますか？』って。3万円しかないって答えました。収入が証明できないと緊急小口の貸付はできないし、厚生年金を払ってるとか、派遣やフルタイムで収入が安定してる人にしか、住宅系の貸付もできないって。結局、生活保護しかないかもっていわれたけど、生活保護は最終的になにもない人が最後の砦《とりで》として使うものだから、今の段階ではなんとか収入証明をして貸付を受けましょうみたいな感じになった」

結局、緊急小口資金貸付も、生活困窮者住居確保給付金も受けることができなかった。ソープ嬢は収入の証明ができない。本当は自分で書いた収入を記したメモでもいいのだが、麻那さんにはそのような知恵も情報もなかった。生活支援窓口に行った帰り、所属する店に「収入証明が欲しい」と頼んでいる。店長は彼女の要望を適当にあしらった。

ソープ嬢は雇用や所得を証明することができない

　どうしてソープ嬢の収入証明を店が出せないのかを説明しよう。

　売春防止法があるなかで、性風俗はグレー産業となる。最も黒に近いのが本番を提供することが周知の事実となっているソープランドだ。売春防止法は金品収受を目的とした女性器への男性器の挿入行為を禁止している。

　売春防止法の制定以降、ソープランドは〝個室公衆浴場の個室にたまたま女性がいて、客と女性が自由恋愛によって本番をし、店はいっさい関知していない〟という建前で営業している。警察も必要悪としてそれを認めている。〝女性と客の関係に店は関係ないので収入証明は出すことができない〟というのは店側の一般的な考え方となる。

　ソープ嬢は店からの業務委託であることも微妙であり、働いている当事者もその法的な立場を理解していなかったりする。やはり、麻那さんはソープランドが法律的にグレーということは知らなかった。

「すぐにお店にも連絡したんですよ。今までの収入が証明できて、それと収入が下がってるっていう証明書を出してもらえるんですか？　って聞いたら、店長は『確認してみます』っていったっきり連絡がまったくなくなった。最初は吉原に直接もらいに行って、すぐ手続きすればいいかなって感じだったけど、完全に無視されちゃいました。社会福祉協議会で1時間くらい店長から連絡が来るのを待ってたけど、閉館時間になってしまって、また出直しますって帰ってきました」

結局、国の制度はなにも利用することができなかった。理由は雇用や所得を証明することができなかったからだ。

「ほかの女の子も、役所に行ってきたけどダメだったって。結局、緊急なんとかは証明書が必要で、確定申告で税金を納めてるコじゃないとダメって。私も周りの女の子も誰も年金払ってないし、国保は滞納だし、住民税とかもなにも払ってない。だからダメだったんですね」

風俗嬢の賃金は、基本的に源泉徴収もされない。意識の高い一部の女性たちは確定申告をするが、ほとんどの女性は賃金をもらいっぱなしで税金は払っていない。脱税しているというより、誰も税金を払っていないし、催促もないし、納税の仕方もわからないという現実がある。

稼げる手段はなにもないことを悟った

北千住駅前のファミレスは、夕方前なのに満席だった。

緊急小口資金貸付を断られ、4月10日に麻那さんは慌てて、家賃、光熱費、携帯代など、支払いをすべて猶予してもらった。自粛要請の期限となっている5月6日まで、お金を使わないようなにもしないで家で寝ることにしたという。食事も1日1食に減らしている。お腹が空くと困るので歩くのもなるべく控えている。本当に部屋に引きこもっていたので、人と会話するのは久しぶりだという。口調は流暢《りゅうちょう》だった。

「吉原はすでに1月下旬からお客さんがすごく少なかった。2月になると春節で中国人がけっこう来る。それが全然来なくて、なにかおかしい……っていうのをみんなで話してた。そしたらコロナっていうのが出てきた。だいたい2月に入ると中国人が春節で日本に来る。1日に1人は中国人につくので、これはおかしいって。最近、中国人が全然来なくない？　みたいな」

2月は武漢の新型コロナが日々報道されていた時期だ。中国で日本の女性は人気があり、吉原もインバウンド需要が大きなウエイトを占めていた。

「お客さんのキャンセルがちょこちょこ続いて、なんでこんなに大袈裟《おおげさ》なんだろ？みたいな。最初はインフルエンザとかそんな感じだと思っていたけど、お客さんが全然来ないし、すごくまずいってなった。ランカー（売り上げ上位）の女の子たちも全然稼げてなくて。もしコロナにかかったときに感染経路を話さなきゃいけないことが原因かなって。感染経路を調べるってニュースに出てから、本格的にお客さんが来なくなっちゃったんですよね」

麻耶さんが勤めるソープは60分1万9000円の大衆店だ。収入は1人につき1万1000円で、2月からの客付きは多くて1日2人と激減し、0人の日が続くこともあった。月収は前年度比で半減以下となった。

「朝9時から16時で帰ってきちゃう早番で、専業なので週5日は出勤しています。それまで1日だいたい3人くらい。月収だと50万円とか。それが2月からお茶引きが増えて、25万円くらいに半減して、3月は悲惨で15万円とか。家賃5万5000円なので生活費を切りつめたら、なんとかなるかな。だから貧乏です。

まず、食費を節約。コンビニでの買い物をやめてスーパーに行くようにして、必ず割引されているものを買うとか。あと1日1食にしたり、お店にあるお菓子を食べるとか。スタッフがお弁当を頼むとき、ちょろっと買ってもらって食費を下げました。携帯代が1万円だったけど、いちばん安いのにして今は2700円。3月は本当にお金なくて、電気止まってガスも止まった。水道は支払いが2カ月ごとじゃないですか。水道まで止まったら死んじゃうので、店に立て替えてもらいました。人生で今がいちばんお金がないです。マジでお財布の中に3000円しかなくてヤバいです。早く定額給付金10万円が来てほしい」

麻耶さんは童顔でなかなかかわいい。話しやすく、性格もいい。そんな女性が吉原のソープ嬢をして、そこでフル出勤しても、電気とガスが止まる貧困となっている。コロナ以降、食事は1日1食でコンビニ弁当も食べることができない。

5月6日まで店舗が休業で、緊急小口資金貸付も断られた。手元に現金はない、貯金もない。本当に生きていけない。高収入サイトで探してデリヘルの面接に行ったが、あらゆる風俗嬢が殺到して全然稼げそうになかった。スカウトマンからは出稼ぎの保証は出ない、交通費も出せないといわれている。

「出稼ぎは沖縄か仙台っていわれたけど、仙台は話を聞いている最中に感染者が出て流れちゃった。沖縄は交通費も出ないし、人がいないから全然稼げないかもって。

最後に地雷系のお店にも面接に行ったけど、女の子がいすぎて待機室に入れないって。もう絶対に働けない感じ。だから、諦めてなるべく食べないで家でずっと寝ているんです」

もう稼げる手段はなにもないことを悟った。

昼頃に起きて任天堂スイッチを夕方までプレイする。それからテレビを観て、食べる日は19時以降に近所のスーパーに行く。半額の総菜を買い、20時頃に1日1食の夕飯を食べる。そして、深夜2時くらいまでゲームをして適当に眠る。この3週間、そんな生活をしている。

“〇〇の女の子が自殺しちゃったみたい”

この北千住駅前のファミレスは19時までの営業のようだ。店員が閉店時間を伝えにきた。時間がない。どうして風俗嬢になったのかを聞いた。

「24歳のとき、宗教みたいなのにだまされて借金抱えちゃったんです。コンビニでバイトしていたときの先輩かな。先輩の女の子に宗教に勧誘されて、最初はご飯を食べにいこうって誘いだったけど、友達呼ぶからって知らない3人が来た。私に一点集中で質問してくる。『夢はある？』とか『将来のビジョンは？』とか。『お金は欲しい？』って聞かれて、お金はあったほうが将来的にいいと思いますって答えたんです。一口いくらでお金を出し合って、みんなで会社を立ち上げて夢を追っていろいろやっているって。みんな幸せだとか、仲間と起業できて今の自分は輝いているとか、そんなことをずっといっていて、私自身はなにもなかったから、いいかもって入っちゃったんですよ」

宗教というかネットワークビジネスのようだった。彼女は北関東出身で短大を卒業して派遣社員になった。就職氷河期、無名短大、就活をさぼったなど、いくつか理由が重なって就職はできなかった。単調な派遣仕事が嫌になって、コンビニでアルバイトをしているとき、ネットワークビジネスに引っかかった。

出身高校も短大も低偏差値だった。短大卒業後、中学時代から付き合っていた彼氏と結婚して専業主婦をする予定だった。しかし、成人式の日に結婚するつもりだった彼氏にフラれた。ほかに好きな人ができた、といわれた。お先真っ暗となった。

就職活動の機会は失っていたので派遣社員となって、派遣の仕事も続かないでフリーターになり、詐欺紛《まが》いのビジネスに引っかかった。中学時代からやりたいことはなんにもなかった。キラキラしているネットワークビジネスの人たちが幸せそうに見えてしまった。低偏差値系の若者たちの間に、昔からよくある話である。

「そこの事務所にも行ったんですよ。そしたらいろんな人がいて、ちゃんと机とかもあったし、電話もあって普通の会社みたいな。会社の利益が上がったらそれを何%あげるっていわれて、コンビニのバイトも面白くなかったので、それだったらいいかもって。入社のときに協力金みたいなのが必要で40万円がかかるって。そんなお金はないから消費者金融で借りました。アコムとか、アイフルとか。お金を払ったら、全然連絡来なくなって、その人たちはいなくなっちゃいました」

アコムに30万円、アイフルに20万円の借金ができた。とても返せない。コンビニのアルバイトを辞めて、千葉栄町のソープ嬢になった。

「夜の仕事はそれまでやったことないです。短大は同級生にキャバ嬢が多かったけど、どうしてそんな仕事するの？　みたいな感覚。偏見じゃないけど、やっちゃいけないことみたいな。風俗なんて自分とは別世界と思っていたけど、アコムとアイフルに早く返さないとヤバいと思ったのがきっかけです。それまでの経験人数は2人だけ。フラれた彼氏と、もう1人しかしたことなかった」

最初、見知らぬ男性とすぐにセックスすることに罪悪感があった。彼氏や好きな人がいなかったことが救いだった。初日は泣いた。10日くらい経ったころ、中学時代の数学の先生が客としてやってきた。

「先生がお客さんとして来た。向こうがわかっていたのか、わかっていなかったのか微妙。ヤリました。私はわかっていたけど、向こうはたぶんわからないふりかな。○○先生ですよね？　っていおうと思ったけど、お客さんだからってやめました。先生は完全に受け身で、すごく気持ち悪かった。その経験で、もうどうでもよくなった。千葉だと知り合いに会うことがあるかも、って東京に出てきたんですよ」

最初は家賃の安いシェアハウスに住んで、渋谷の店舗型ファッションヘルス（箱ヘル）で働いた。

「箱ヘルはメチャクチャ稼げました。朝から夜10時くらいまで働いて月収100万円は超えた。消費者金融の借金を返して、それで次は奨学金を返して。親は1円も出してくれなかったから短大の学費は全部奨学金で、300万円以上あった。あと友達にお金を貸して返ってこないとか。親がお金を貸してくれとか、仕送りしろとか。なんだかんだでお金は全然貯まらなくて、まったくお金がないまま、今に至っています」

新型コロナ騒動以降、麻耶さんはずっと寝ているだけの生活だ。吉原のソープ嬢友達とのLINEは毎日交換していて、〝5月7日に営業再開しないかも〟とか〝○○の女の子が自殺しちゃったみたい〟とか連絡が来るという。

このままお金を使わずに5月7日に出勤して、そこで稼いで生活を立て直す予定だ。自粛期間が延びたら、どうするのだろうか。一応、聞いてみたが、その想定はしていないようで首を傾げていた。

ギリギリのセーフティネットを破壊した新型コロナ

平成は暗黒の時代だった。日本は底なしに衰退して、一般女性たちが続々とカラダを売る仕事に流れた。売春しても普通の生活すらできない、悲惨な現象は、労働者派遣法改正で雇用という国民のセーフティネットを奪ったことから始まったことは説明した。

雇用というセーフティネットを奪われた女性たちが大勢転落し、女性の価値は低下した。デフレが進んだ現在のデリヘルは過半数以上が60分1万円以下という価格帯で性的サービスを提供している。

60分1万円以下という価格帯が安すぎることを説明しよう。

格安風俗店を支えるのは、若さでは勝負できない30歳以上の熟女たちとなる。都市部デリヘルの値下げ競争の象徴とされる某チェーンは30分3900円、45分5900円という価格帯でサービスを提供。そのうち女性の取り分はそれぞれ2400円、3500円と異常な低価格となっている。単価が安すぎるこの店には、各種性風俗を断られた女性が集まり、カラダを売っても生活保護水準程度しか稼げていない。

この10年間、デリヘルは女性の供給が増えるばかりで、男性客の需要は減っている。デフレスパイラルである。少子高齢化や性欲の強い団塊世代の引退など、さまざまな理由がある。低価格の格安店でも女性1人あたりの客数は1日平均2人程度、人気のある上位女性でも多くて5人程度しかない。

格安店で働く中年女性たちは、いったいいくら稼げているのか。簡単に見積もってみよう。3500円(1人あたりの単価)×2人となると日給7000円。週4日勤務でも、月11万2000円しか稼げない。東京都の最低賃金は時給1030円なので、待機時間を含めると、最低賃金のアルバイト以下。業務委託であり交通費も食費も、自分で賄うべき経費となる。こんな金額でカラダを売り、精液を浴びている。もう稼ぐスキルのない中年女性が自立して生きるのは無理なのだ。

筆者は風俗が稼げないことを機会があれば伝えているが、性別格差、世代格差、貧富の差に拍車をかけた新自由主義的な政策によって、現在進行形で生活のために風俗を志願する一般女性はあとを絶たない。単価は下落の一途となり、さらに新型コロナによって、そのギリギリのセーフティネットも破壊されたのが令和の現在だ。

下層風俗嬢の多くは未婚、バツイチ、シングルマザーなどの単身中年女性であり、自分の稼ぎで生活を支えなければならない。前出の30歳そこそこでかわいい外見を持つ麻耶さんでさえ、ライフラインが止まって食べ物にも困る生活を送っている。すでに新型コロナ以前の段階で、下層風俗嬢たちの収入は生活保護水準を下回って「食べるのもやっと」といった危険な状態だった。

底辺女性に向けられる〝自己責任論〟と〝誹謗中傷〟

平成時代に起こった貧困や転落は〝自己責任〟とされた。学歴が低いのは自分が悪い、非正規雇用を選んだ自分が悪い、暴力振るう配偶者を選んだ自分が悪い、稼げないのに子供を産んだ自分が悪いと、社会と制度に優遇された男性は苦しむ女性たちにそう叩きつけた。女性の苦境がインターネットで記事になれば、男性たちが書き込む自己責任論、誹謗中傷《ひぼうちゅうしょう》で埋まる。

女性が生きていけず、生きるために続々と風俗や売春に走る異常事態となったが、政府も自己責任論を支持してその貧困を放置した。自己責任なのでセーフティネットはない。社会保障費をもっと削減するために、国民の互助や自助を煽《あお》った。社会保障費を食いつぶす医療福祉関係者は、地域包括ケアシステムや共生社会構築を促進するよう尻を叩かれている。

地域包括ケアシステムとは主に高齢者を対象にした社会保障用語で、「地域に住む高齢者がその地域で自分らしい生活を最期まで持続していくため、予防や介護や医療、さらに住まいや生活支援の提供」という内容だ。要するに国のお金に頼ることなく、近隣同士で助け合いなさいということだ。

平成に起こった国民の貧困化は、単身中年女性と若者が真っ先にターゲットにされた。現役女子大生は風俗で働くことを半ば強制され、単身中年女性はカラダを売っても生活できないところまで追い込まれ、国の制度から漏れてそのまま放置されている。国の制度内にある高齢者や障がい者に対しても、互助や自助でなんとか乗り切れという社会をつくりたがっていた。

ちなみに社会保障縮小の切り札である地域包括ケアシステムの担当者は麻生太郎財務大臣である。

優遇された男性たちの精液を浴びる中年女性や、女子大生たちの阿鼻叫喚《あびきょうかん》が聞こえるなか、貧困で苦しむ中年女性を支援する〝裏・地域包括ケアシステム〟とも呼べる自発的な動きが池袋で起こっている。

キーマンは池袋在住のある人物。筆者の知るかぎり、その人物は10年ほど前から日々生活苦に陥ってどうにもならなくなった中年女性たちの相談に乗っていた。最初は周囲にいる社会福祉士やケアマネジャー、看護士などから情報を得ながら、住居確保の手伝いや生活保護などの社会資源につなげるなど、正統な相談援助をしていた。

その人物はある時期から国や福祉に頼るフォーマルサービスだけでは、苦境に陥る中年女性たちを救えないと悟った。そして、自分が所有するマンションの一室を使用して〝乱交パーティー〟を主催する。地元や周辺地域から異常性欲の男性を集め、困窮する女性たちを異常性欲者の集いに投入し、金銭的な価値を生みだすというインフォーマルサービスをするようになった。

公然わいせつ、売春防止法違反に該当する完全に違法な〝福祉〟だ。

「コロナで今月の収入は3万円とか2万円台とか」

4月26日。外出自粛要請中の池袋で、数年前からこの〝乱交パーティー〟常連参加者の山崎清美さん(仮名・52歳)と会うことになった。保育園の非正規雇用で働きながら、乱交パーティーに参加し、なんとか最低限の生活を維持していた。

「平日は保育園に行って、何時間か働いています。お給料はすごく安くて月5～6万円くらい。家賃は支払ってくれる人がいるのでなんとかなっているかな。月5～6万円だけじゃ生きていけないのでパーティーに参加しているんですよ。でも、コロナでパーティーがなくなっちゃった。大変。どうやって生活するか、今悩んでいる最中です」

清美さんの見た目は年齢どおりの中年女性だ。妻子のある男性と付き合っている。

割り切った関係で、月3万円台の木造アパートの家賃は支払ってもらっている。

「近所の保育園が短時間パートを募集していて、5年前から働いています。最低賃金で1日4時間とか時間が短いので、とても生活できるだけのお金は稼げません。保育園はコロナで出勤制限。休業補償が出ても、今月の収入は3万円とか2万円台とかかも。コロナでパーティーもなくなって、ずっとなにもすることがなくて、家に閉じこもっている生活です。暇なのでずっとパズルゲームしています」

パズルゲームは携帯アプリではなく、懸賞雑誌だった。保育園の年収は70万円程度、家賃は男性払い。完全な貧困状態であり、生業だけではとても生活できない。月数万円を稼ぐために池袋で頻繁に開催される乱交パーティーに参加し、10年以上、なんとか乗り切っているようだ。頻繁に出てくる〝パーティー〟の実態はどのようなものか。具体的な話を聞いていく。

「池袋の場合だと、普通の2LDKのマンションでやっている。駅からちょっと遠いです。リビングにテーブルがあって、そこに簡単な食べ物があって、それぞれの部屋に避妊具があるみたいな。行くと男性が数人いるので、近くにいる人と1時間くらい普通にお話しして、それで男性に誘われたら部屋に行くみたいな感じ」

筆者は一度だけ、パーティー会場のマンションに行ったことがある。池袋の閑静な住宅街にあり、家族やディンクスが暮らす一般的な分譲マンションの中だ。乱交パーティーだけで使用しているため、余計なものはなにもない。客である変態男性や生活費を稼ぐ場となっている女性たちが、自主管理して掃除は行き届いていた。リビングにはテーブルとソファーがあり、各部屋にベッドがある。枕元のカゴに未使用のコンドームが山積みされている。

「乱交パーティー」が貧困女性のセーフティネットに

――パーティーは何歳くらいの人が何人来て、女性は何人くらいなの？

「男性と女性の比率がいつも合わなくて、女性は3、4人とかで、男性のほうがガバッといる。おじさんばかり、おじいさんもいる。うん、そんな感じ。常連だけなので、みんなまあまあ、知ってる顔。たまにそこそこ若い人もいるかな」

――主催者が集めているのは、性欲が異常な人たちだよね。

「変態です。なにをするっていうか、とりあえずペアを組んでベッドに行くみたいな。いつも女性が少ないので、私はだいたい頑張って順番に5人とか相手をしたり。

いつもスタートは19時で、23時くらいまで。19時からっていっても1時間、1時間半とかスタートが遅れるので」

——変態の人ってなにするの？

「エッチですけど……」

——おじさんはどういうことをするの？

「足の先から全部舐《な》められるとか。自分の機能がダメになった人が、たくさんオモチャを持ってくるとか。そんな感じ。はっきりいって生理的に『この人はちょっと無理』っていう人もいて、演技で誤魔化したり。感じている演技とか」

——変態おじさんばかりだと、ちょっと女性は厳しそうだよね。

「そうそう。その人に悪意はないけど、やっぱりどうしても嫌だなって。体臭キツいとか。ちょっと独特な臭いがする。近寄りたくないけど、こっちはお金をいただくっていうのもあるから我慢ですね。1分でも1秒でも早く終わらせようって。前に一度だけ、壮絶に臭い人がいて、お金はいらないからって帰ってもらいました」

おおよその状況は見えてくる。マンションの部屋に男性と女性が集まり、まずは軽食を食べながら談笑。通常は男性の比率が高い。30分から1時間程度、なにかしら会話をしてからどちらかがベッドルームに誘う。お互いが了承となれば部屋に行く。部屋には山積みのコンドームがある。その避妊具を使って性交となる。

——いつからパーティーに参加しているんですか？

「デビューは遅くて30半ばくらい。今も彼氏には秘密にしながら行っています。雰囲気は普通のオフ会みたいな感じ。彼氏とは5年前にフェイスブックのオフ会で知り合って、それから。お金に困っていることをいったら、家賃は払ってくれるって。年齢は1つ下で普通のサラリーマン。あ、でも、彼氏とはいわないかな。愛人とかセフレとか、そんな感じ」

乱交パーティーの報酬、その支払いは独特だ。当日の終了後か後日、女性は主催者にパーティーで肉体関係となった人数を報告する。その人数×4000円がその場で支払われる。男性も同じで肉体関係となった女性の人数を主催者に報告、参加費とその人数分の価格を現金で支払うようだ。

このパーティーは違法行為で、主催者も参加者もリスクが高い。しかし、主催者は貧困で苦しむ中年女性に価値を生み出すことを優先し、異常性欲の男性たちはパーティー開催を待っている。貧困女性は価値が認められる場所がそこしかない。現状、その主催者は女性からも男性からも慕われている。

——報酬制は独特だよね。全部、自己申告というのはあまり聞いたことがない。

「お金は男性1人につき4000円ですね。ほかの風俗で保証制でどれだけやっても1日1万5000円とかあったんで、それとくらべたらいいかな。やればやっただけもらえるから。お仕事に行ってきますって感じで参加しているので、多いときは週3日とかやっているかも」

——保育士をしながら週3日も参加するんですか。

「生活のためだからしょうがないかな。熟女ヘルスとかで働けばいいけど、まったく稼げないっていうし、風俗店に所属するのはちょっと怖い。パーティーのほうが、まだいいのかなって。デリヘルだとラブホテルで男性と一対一じゃないですか。なにかあったときに怖い。密室だし。乱交だったら叫べば誰か近くにいるから」

農家の嫁から乱交パーティー常連へ

清美さんの印象は、どこにでもいる普通のおばさんだ。水商売っぽい派手な雰囲気だったり、夜っぽい雰囲気だったりは皆無だ。非正規で保育園に勤め、地味な日常を送りながら子供たち相手に働いている姿が想像つく。もちろん、保育園の上司や同僚たちは清美さんがアフターファイブに乱交パーティーを副業にしていることは知らない。

埼玉県にある老朽化したアパートで一人暮らし。家賃は3万円台で、埼玉県内でも最安値な地域の部屋で暮らしている。勤務が終わると保育園から駅に向かい東武東上線に乗り、池袋に来る。そして変態おじさんたちに輪姦《りんかん》され、深夜に老朽化したアパートに帰る。

清美さんは、これまでどのような履歴をたどってパーティーに参加することになったのか。

「今の生活になる前は、普通に専業主婦。埼玉県の農家の嫁でした。つくっていたのはトマト、あとはお米。埼玉は野菜の栽培が盛んで、野菜はほとんど全般的にやっていました」

なんと、埼玉県の農家の嫁だった。埼玉県の農業産出額は全国20位で、意外にも農業が盛んな県である。とくに埼玉県産の野菜は有名で、都内でもあらゆる場所で埼玉県農家の野菜即売が行われている。

――農家に嫁いだんですか。バブル世代の女性はそういう選択する人は少なかったはず。

「結婚したのは21歳。私は農家も元夫も嫌いだった。嫌いだったけど、親同士で決められちゃったみたいな。父親はすごくスパルタで、父親に命令されて嫁いだ感じです。元夫は15歳年上で、ひと回り以上も年が離れているおじさん。どうにも好きにはなれなかったですね」

――農家の嫁ってなにをするの。

「朝から農作業。嫁いだ瞬間から、もういろいろやらされました。朝4時半起きで、トマトの収穫とか。午後からだとハウスの中が暖かくなりすぎて売り物にならないから、朝5時。それをコンテナに並べて磨いて、箱に入れる。けっこうウンザリ」

――農家だと嫁でもあり、労働者でもあるわけだ。

「働かせられる農家も嫌だったし、元夫のこともずっと好きになれなかった。農家ってこういうものって想像はしていたけど、元夫は朝8時くらいまで寝ているし、たいして働かない。私に対してありがたいっていう気持ちはないみたいで、とにかく嫌だったわ」

——男尊女卑的な昭和の農家のまんまみたいな?

「そう。農作業はほとんど私ひとりでやって、それでも姑《しゅうとめ》に文句をいわれる。ばあさんも女手ひとつで子供を育ててきたから、やっぱり強い。なにかあるたびに親族会議とか家族会議がある。誰々がどうしたこうしたって責任のなすりつけ合いがあって、自分では『ここんち、もう絶対に嫌!』ってなって。ウンザリして子供を置いて出てきた」

——子供がいるんですか。

「男の子が3人。家を出たのは36歳のとき。子供は置いていかざるをえない状況で、とにかく揉《も》めた。揉めたけど子供にとってはこっちに来ても生活の保証はないし、農家にいれば、食べるものには困らない。家もあるし、学校の友達もいるし、私だけ逃げました。慰謝料はなしで、無一文で東京に来た。東上線があるので東京はすぐだけど、ホントは埼玉みたいな」

逃げるように農家から逃げた。逃げたので貯金は数万円しかなかった。消費者金融でお金を借り、家賃3万円台のボロボロの木造アパートで暮らすことになった。とにかく明日、明後日を生活するためのお金がない。求人広告にある仕事に就いても、お金を手にできるのは1カ月以上あとだ。その期間の生活費がなかった。

——農家から逃げて、すぐエロ系の仕事をしたの？

「SNSで知り合った人がいて、その人に『乱交パーティーがある』って連れていってもらったのがはじまりかな。『えっ、なに？』ってびっくりして『とりあえずその主催者と会おう』ってなった。どういうことをするのか、なにするのかわからないし、おそるおそる行った。話を聞いて意外とできるかもって思ったかな」

——そこから売春ばかりの毎日に？

「そうですね。子供とはたまに会って、パーティーは毎日行って、みたいな生活になりました。保育園の仕事を始めたのは数年前だから、それまではパーティー専業ですね」

清美さんは、埼玉県生まれ。中学高校時代、世間はバブルで沸いていた。しかし、父親は厳しく、暴力も頻繁でなにも楽しいことはなかった。成績はどちらかというと悪く、偏差値40前後の県立の女子高校に進学した。茶道部に入った。結局、勉強も部活も中途半端だった。担任の教師が薦めるまま、紡糸工場に就職することになる。

――高校は出た？

「高校は一応、卒業しました。工場に就職して寮生活ですね。中卒と高卒で寮に入って働いている子がいて女子ばかり。女工。仕事は全然面白くないかな。糸をやっているうちに眠くなる。交代制で早番と遅番があって、並んでずっと作業しているだけ。出会いはなにもないし、女子寮だし、低賃金だし、ただ働いて生きているだけみたいな感じ。なにもない」

――それで父親が農家に嫁がせることを決めてしまった。

「21歳で結婚することになって、工場を辞めました。農家の嫁を15年間やって逃げて、パーティーでお金をもらいながら生活して、今ですね。保育園以外の仕事は産廃とかホテルの掃除とか、そんな仕事を少しだけ経験があります」

――乱交パーティーも保育園もコロナの影響あるよね。

「パーティーは高齢の男性が多い。今は開催が難しいみたい。みんな死にたくないっていっているみたい。保育園も出勤制限だし、本当になにもすることないです。保育園から仕事に来なくていいって連絡があったけど、休業補償が70％か80％は出るみたい。今月も3万円くらいはお給料もらえると思う」

――月収3万円。今は彼氏が家賃を払ってくれるからいいけど、その男がいなくなったらどうするの。

「いなくなったら厳しい。将来的にいなくなって、自分で家賃払うってなったら生活保護しかないかな。先のことはなにも考えてないけど、収入がなくなったら生活保護ですね。福祉ジムショってところに行けばもらえるんですよね」

新型コロナ自粛の現在、清美さんはすることがない。4月中旬から保育園は休園、出勤制限がかかった。出勤は週1日程度に減って、彼氏もコロナを理由に会いたがらず、家で懸賞雑誌を眺めているだけの生活だ。

清美さんは今日、久々に東上線に乗って池袋に来ている。この取材が終わったら、主催者のところに寄り、次のパーティー開催の日程を聞くという。

乱交パーティーで生活を立て直す

4月27日。再び池袋にいる。街から観光客や買い物客はほとんどいなくなり、店も一部の飲食店しか開いていない。そもそも通行人があまりに少ないので営業する飲食店もガラガラだ。世界的に経済がストップし、アメリカを筆頭に各国は国民に相当額の給付金を配っている。そんなとき、安倍首相(当時)は世帯にマスク2枚の配布を決定した。

三浦真美さん(仮名・48歳)は老人保健施設に勤める介護職だ。今さっき「パーティーに参加したい」と池袋在住の乱交パーティー主催者の元を訪れたという。いったい、なにがあったのだろうか。

「介護職になってまだ1週間で、それまで自宅でネイルサロンをやっていました。

コロナでまったくお客さんが来なくなって、本当にどうしようってなって廃業。で、介護職になりました。こんな時期でも介護は求人があったので。今は家賃も滞納しちゃって、本当にまずい状態でAさん(主催者)に相談したところです。Aさんは介護の仕事が終わってから、パーティーに来なさいって」

東京のある繁華街近く、真美さんは自宅でネイルサロンをやっていた。家賃は9万5000円、3月、4月と2カ月分の家賃を滞納している。自粛要請で本当にお客は誰も来なくなった。来月、再来月のことがわからない。しばらく様子を見ていたが、コロナの影響は長く続きそうだった。まったく来なくなった客足が戻るとは思えない。ネイルサロンの継続は断念し、近所の介護施設に無資格未経験で就職することにした。1週間前から毎日、介護施設に出勤している。

「ネイルサロンの客単価は6000〜8000円くらい。コロナ前も週に数人しかお客さんは来なくて、そもそも苦しかった。収入が減ったというか、なくなって思い切ってAさん(主催者)に相談した。知り合いが困ったら相談するといいよ、って紹介してくれた。パーティーへの参加がOKでほっとしました。ネイルサロンの売り上げは1月まで、せいぜい月20万円くらい、今はゼロ。ダメだったものがコロナで完全にダメになりました」

真美さんは参加が許されて〝ほっとしている〟のは、先述の自発的な福祉として始まった異常性欲の男性が集う乱交パーティーだ。自己責任社会で国や社会から見捨てられた中年女性を、異常性欲の男性の集いに投入して価値を生みだそうという取り組みである。経済的に追い詰められていた真美さんは、介護とパーティーで「生活は立て直せる」と表情は明るかった。

「浄化作戦」で風俗嬢の価値は崩壊

「コロナになって電話キャンセルばかり。ネイルサロンは本当にガクンとダメになりました。結婚してないです。バツもないです。なかなかご縁がなくて、付き合う相手がいたのも6年くらい前まででですね。相手が浮気して、話したら向こうから別れましょうって。ネイルサロンは8年くらいやっていて10年は持ちませんでした」

年間の売り上げは200万円程度。売り上げの半分以上は家賃でなくなってしまう。真美さんは開業から現在に至るまで、税金の申告も、消費税の納入もいっさいしていない。

「コロナで国のセーフティネットがあるのは知っています。けど、税金払ってないので全然関係ないかな。税金の払い方とか知らないし、申請の仕方もわからないし、なにもわからない。風俗嬢の頃から非課税でずっと生活して、それでなにも問題がなかったので。ネイルサロンの売り上げだけじゃ足りないから、母の年金で暮らしていました。母は去年死んじゃったけど」

前情報なしで顔を合わせたが、やはり真美さんは元風俗嬢だった。8年前に風俗嬢から足を洗って、自宅でネイルサロンを開業。コロナ廃業してこれから乱交パーティーに参加する、という流れだった。

「実家はこの辺りでX高校出身です。高校を卒業して普通に建築関係の会社で事務員をしていました。給料はすごく安かった。12万円台とか。家を出たくて寮のある仕事を探して、20歳のときにスーパーの正社員になりました。スーパーも給料はメチャクチャ安かった。お金が欲しくなって24歳のときに風俗嬢になりました。新宿の箱ヘルですね」

箱ヘルとは店舗型のファッションヘルスのこと。風俗を始めたのは1996年。風俗店はすべて店舗型だった時代である。90年代は風俗嬢が稼げた時代で、風俗嬢たちは月100万円程度を簡単に稼いでいた。店舗型風俗店はその女性にではなく、店や繁華街にお客がついているので、出勤さえすればお客がいた。裸になって性を売る覚悟さえすれば、簡単に価値が認められた性風俗の黄金期だ。

「スキーとかやっていたので、もっとお金が欲しかった。高卒だとなんの仕事をしても安くて、お金をもらうためには風俗しかないかなって。風俗は最初の頃はすごく稼げました。車が1カ月で買えるくらい。スーパーはすぐに辞めて専業風俗嬢になって、マンションに引っ越して、洋服を買ったり、それでもお金が余るのでホストに行ったり。シャンパンタワーも何度もやった。金銭感覚が完全に麻痺《まひ》して遊び放題だった」

建築系の事務員から転職したスーパーも給料は10万円台半ば。20万円になったことは一度もなかった。スキーに行くためにキャバクラやスナックでバイトを始めたが、会社を辞めて、風俗嬢専業になるのがいちばん稼げる道だった。

「高校はバカです。偏差値40もなかったけど、さすがに風俗やる子はいなかった。当時は今みたいに誰でも風俗をやる時代じゃなかった。女の子が少ないので初日から稼げすぎて、昼職のスーパーはバカらしくてすぐに辞めて、金髪にしてギャルになったんです。今でいうパリピです。風俗はまったく抵抗なかった。向いているって思ったし、楽に稼げる究極の接客業だって。スキーだけじゃなくて湘南にナンパ目的で行ったり、とにかく遊びまくりました。男もたくさんいて、今思えば夢みたい時期だった」

現在37歳以上で、二十代前半から風俗や売春を選んだ女性は、それなりの恩恵を受けている。今では考えられないほど、女性の価値が認められていた。現在の無店舗型のデリヘルはインターネットで膨大な店舗のなかから選ばれ、さらに膨大にいる女性のなかから選ばれ、さらに指名してもらわないとサービス提供につながらない。店舗型が主流だった90年代、景気がよくお金は回っていて、繁華街にもお金が流れて活気があった。男性客が次から次へとやって来た。

風俗嬢の価値の分岐点は、明らかに2000年代半ばの「浄化作戦」と呼ばれた店舗型風俗店の一斉摘発だ。〝浄化〟とは汚い店舗型風俗を消し去ろう、という政策だ。石原慎太郎都政が警察官僚を招聘《しょうへい》して始めた。他県も追随して、店舗型風俗店を徹底して潰したことで風俗嬢の価値は暴落した。約15年が経った現在、セックスを売っても最低限度の生活ができない貧困女子たちの悲劇が起こり、コロナによって自粛を迫られ、その小さな価値すらも崩壊しようとしている。

乱交パーティーで食費を稼がないと餓死

「新宿の箱ヘルのあとに吉原に移って、そこが風俗での頂点ですね。最高は月200万円くらいだったと思う」

24歳でファッションヘルス嬢になり、26歳で総額5万円の高級ソープランドに転身した。27歳のとき、赤いフォード・マスタングを買った。大きなエンジン音をうねらせながら吉原に出勤した。

「収入が下がったのは32歳くらいから。5万円の店ではお客が取れなくなって、4万円、3万円ってだんだんと下がった。惨《みじ》めですよ、惨め。風俗嬢なんて潰しが効かないし、給料10万円台の昼職に戻ろうとか思えない。しがみついてだらだら続けながら、結婚願望が強くなりました。結局、いろいろ嘘をついて仕事は隠したけど、ソープ嬢なんかと誰も結婚しようと思わない。だから男と付き合っても、なんだかんだで逃げられちゃう」

二十代後半から三十代半ばに10人以上の男と結婚前提で付き合ったが、結局、全員にフラれている。

「結婚願望が強すぎて相手が引いちゃう。何度も〝重い〟っていわれた。お金をだまし取られたこともあって。結婚するので一緒にお金を貯めようねって、貯金して、それを全部持っていかれました」

34歳で総額2万円の店に落ちた。そのとき、結婚して風俗から足を洗おうと心に決めた。男性との出会いは出会い系サイトを使う。相手の男性たちには、職業は〝接客業〟とだけ伝えた。同年代か少し年齢が上のサラリーマンを中心に、自営業者、医療福祉関係者など、いろいろな男と付き合った。全員に強い結婚願望を伝えている。

風俗でも毎月のように稼げる金額は減っていく。なにもかもうまくいかなかった。

「36歳、吉原で働ける店がなくなりました。それで池袋の熟女デリヘルに移った。その頃にはもう月20万円程度も稼げなくなって、一人暮らしはできなくなった。家賃なんて払えない。母親がいる実家に戻って、デリヘルを続けた。15万円を稼ぐにもやっとで、最終的に風俗も結婚も諦めて、ハローワークに行ってネイルサロンの職業訓練を受けたんです。訓練学校を卒業してネイルサロンで働いて、8年前に独立した感じです」

母親が要介護状態になったことがキッカケで、自宅でネイルサロンを開業。月10万円前後しか売り上げられない厳しい経営が続いたが、努力して少しずつお客さんは増えた。自分の稼ぎだけでは生活はできない。ずっと母親の年金頼りだった。去年（2019年）10月、やっと月20万円くらいを稼げるようになったとき、介護も虚《むな》しく、母親は死んでしまった。

年金がなくなって月9万5000円の家賃が重くのしかかった。そして3月に新型コロナがきて、絶対に家賃を払えなくなった。

「10年間くらいは貧乏ながらもやっていけたけど、コロナで完全にダメになりました。家賃を滞納して、大家さんはすごく怒っています。家賃を待ってもらっている今しかチャンスがないと思って、廃業を決断して介護施設で働くことにしました。まだお給料はもらってないけど、夜勤と合わせれば月20万円くらいは稼げそう。貯金はゼロなので、その間をつながなきゃならない。乱交パーティーで稼ぎたいって電話したのが昨日のことです」

現在、池袋の乱交パーティーは自粛中だ。真美さんは今さっき主催者から自己申告制で1人相手をするごとに4000円というシステムを説明され、緊急事態宣言の解除次第、次回の日程が決まるといわれている。

「こんな年齢になってしまったので、たいして稼げないのはわかっています。介護のお給料がもらえるまで、なんとかパーティーで食費くらい稼がないと餓死しちゃう。だから変態だろうが、ハゲのおじさんだろうが、1人4000円だろうが、全然いい。頑張るしかないです」

平成の新自由主義政策、そして令和の新型コロナ騒動――その猛威は中年女性たちを直撃している。裸になって性的行為をしても最低限の生活をさせてもらえない厳しすぎる現実のなかで、中年女性たちの貧困と生き方は次のフェーズに突入している。

第四章

非正規女子の貧困世界

取材、プライベートも合わせ女性派遣社員たちと話をしていると、給料の安さについての愚痴が始まることが多い。先日、知り合いの20代の女性派遣社員から、派遣会社から発行される前月の給与明細を見せてもらった。

基本給19万円に固定残業代が6万円、社会保険料が控除されて手取りは月21万円弱。額面では年収300万円超であり、女性の平均賃金を少し超えている。一人暮らしの女性の3人に1人は相対的貧困にあるといわれるが、たとえそこに該当しなくても派遣社員や契約社員など、非正規雇用の女性の大多数は貧乏である。

都内で一人暮らしをする彼女の家賃は若干高めで月8万円。実質的に自由に使えるお金は13万円程度で、光熱費、携帯代を支払い、日本学生支援機構へ奨学金の返済をすると、手元にたいした額は残らない。着たいものは着れないし、交遊費も限られる。欲しい化粧品はもちろん買えない。友達の結婚式に呼ばれたらその月は経済的に破綻すると、現状を嘆いていた。

月3万～5万円が足りない

ほとんどの女性派遣社員はフルタイムで働いても、給与日前にはお金が底をつく。

いっさい貯金はできない。さらに、彼女たちがかわいそうなのは貧乏というだけでなく、「非正規」という立場だと職場では差別的に扱われることがあるため、職場に人間関係や居場所をつくりづらいということだ。お金がなく人間関係が希薄で、雇用に対しての保障がないため、健康を壊すなど不測の事態が起これば、その日から生活はできなくなる。人間ではなく、〝労働する部品〟みたいな扱いだといえる。

誰でも人間ではない部品としての日々から抜け出したいと思う。しかし、20代後半～30代前半の派遣社員の女性は、職場に出会いどころか居場所もない状態である。お金がなくて人間関係が希薄なため、結婚相手を探すにも婚活アプリなどをつかったりする。望みどおりの相手が見つかるのはごく一部であり、基本的に孤独に悩み、見えない将来に不安を抱えながら苦戦している。

給与明細を見た彼女は、水商売やパパ活など週末の副業を考えていた。私は一応、「みんなしているから、いいんじゃないの」と応えている。彼女たちにはおおまかに月3万～5万円程度が足りていない。生産性の高い仕事である水商売やパパ活で、その不足する金額が稼げ、生活に支障がないならば反対する理由はなにもない。

女性の非正規雇用率は5割を超える

この働く世代の女性に急増する経済的苦しさは、政策的に非正規労働者を採用できる業種を拡大したことが理由だ。

現在、女性の非正規雇用率は55・8％（2017年 国民生活基礎調査）と過半数を超えている。非正規雇用は1999年と2004年に施行された労働派遣法改正によって急激に広がった雇用形態で、企業の労働分配率の下落を国が推進した。本来、労働者が手にするべきお金が企業の内部留保になって、溜まり続けている。

法改正で規制緩和をし、人間の生活の根幹である労働を市場化すれば、賃金は下がり、格差は広がる。国は非正規雇用を拡大させたことで雇用が増え、失業率は改善したといっているが、副作用として低賃金での労働が蔓延《まんえん》し、人間の価値が暴落することになった。女性を中心とした国民が、奴隷のように搾取されることが常態化してしまったといえる。

労働派遣法改正当初、人材派遣の業界団体はいつでもクビを切れる雇用調整の容易さ、正規社員より人件費が安く済むコストカットの効果を企業にアピールして、非正規雇用である派遣社員を拡大させた。国民を人間から部品へ、という活動が見事花開いてしまったといえる。

そして現在、国による女性の貧困化、貧乏化はひと通り完了した。あまりに苦しい女性が増えてしまったため、政府は「働き方改革」や「一億総活躍社会」を喧伝し、派遣など有期雇用者の「無期転換ルール」の適用も始まった。

しかし、徹底した市場原理主義の下では非正規社員は安く働く部品や奴隷のままのほうが企業にとって都合がよく、そのような企業利益に反する転換の動きは活発に行われることはないと思われる。

悪夢のような雇用の非正規化で、最も悪質なのは公的事業の非正規雇用化だ。とくに積極的に非正規雇用化を推進する地方自治体によって〝非正規公務員〟が大量に誕生、「官製ワーキングプア」といえる状況を生んだ。労働派遣法が改正されると、地方自治体は役所の窓口業務や図書館などの住民サービスをどんどん非正規雇用者に置き換えた。「臨時職員」(正式には臨時的任用職員)と呼ばれる非正規職員は短時間、補助的な業務が前提だが、実態は正規職員と同じ仕事をさせられている。現在、臨時職員はどんどんと増加し地方公務員全体の3割以上に達した。

非正規職員の制度がきわめて悪質と呼ばれるのは、民間以上に彼らの賃金を抑えていることで、図書館司書などの求人を検索すると時給は最低賃金から100円程度まで。生活保護基準の賃金を目安にし制度設計を行っているのである。市民のための自治体が、市民を貧困に追い込んでいるのだ。

ここまで非正規女性の貧困について主に構造的な問題を述べてきたが、非正規労働による貧困に苦しむ7人の女性たちの〝生の証言〟をここで紹介する。

証言① 地獄のような団地で生まれ、専業主婦を夢見るフリーター

宮本有紗（仮名・26歳／飲食店・バイト月給11万円）

生まれてから26年間ずっと実家の団地暮らしで、団地の外の世界はあまり知りません。埼玉県某市の小さな駅から5分ほど歩いたところにある、築47年の団地の2階の一室。家賃は3万円台で、母と2人で暮らしています。

うちの両親が離婚したのは小学校3年生のとき。父は私たちを団地に置いて東京に出ていきました。昔からの地元の友達もみんな団地の子で、貧乏だし片親です。同級生には、家族みんなでデパ地下の試食コーナーに夕食を食べに行っている子

もいたし、お金がなさすぎて「万引きの日」を決めている兄妹もいました。ある子のお母さんはこの20年間、毎日、小銭拾いで自販機を回っています。

団地の家庭では、基本的に中学を卒業すると自立を迫られます。携帯代から学費まで、全部自分で支払わないといけないんです。高校の頃は、ブルセラでパンツを売ったり、出会い喫茶で稼いだりしていました。

友達はみんな援交や風俗もやっていたけど、私はそこまではできませんでした。彼氏でもない男の人とエッチなんて絶対にしたくなかった。でもそんなプライドはなんの意味もなくて、結局、友達の誰もこの団地からいまだに抜け出せていません。デキ婚した友達は、旦那の給料が低すぎて、相変わらず出会い喫茶に出入りしているみたいだし、風俗からまだ上がれていない友達もいる。介護の仕事をしていた友達は、職場のお局《つぼね》にイジメられて鬱病になっちゃいました。

もちろん今の自分がこんな生活をしているのは、団地の家庭に生まれたせいではなくて、自分自身のせいなのも自覚してます。

地元の高校を卒業して一度は工場に就職しました。今思えば、そこでずっと働いていたら少しは人生が変わっていたのかもしれませんが、半年でドロップアウトです。工場を辞めた理由は、その工場には市外から働きに来ている人もいて、その人たちと話して初めて外の世界のことを知ったんです。それで、なんとかしてこのひどい団地から抜け出したいと思い、勢いで退職しました。

でも、別になにかやりたい仕事があったわけでもないし、東京に行くのも不安だしで、結局いまだに団地暮らし。だからずっとフリーターで、今は近所の焼肉屋でアルバイトしています。時給は950円なので、月に11万円ぐらいしか稼げません。最近、唯一買った高い物は3000円のユニクロのデニムパンツぐらいです。

工場や焼肉屋でしか働いたことがない

母も一応は働いていますがやはり低収入です。それに母も若くないので、あまり無理して働くこともできません。

東京で正社員のOLとかやってみたいけど、なにか資格を持っているわけでもないし、工場や焼肉屋でしか働いたことがないので、おそらく無理でしょうね。

それに月11万円の給料じゃ就活のためのスーツなんて買えないし、面接に行く交通費の出費もキツい。もし内定をもらって東京に引っ越すとなっても、引っ越し費用や敷金・礼金なんか、とても用意できません。

この団地は本当に地獄です。この団地には風俗で働いている女性は多いし、いい年して道に唾を吐く金髪のヤンママ、いつも同じ服を着ている臭いおじさんとかばかり。団地の壁は薄いので、いつもどこかの部屋から外国人同士の罵り合いや夫婦喧嘩《げんか》、虐待による子供の叫び声、病んでいる人の発狂、セックスのあえぎ声なんかが聞こえてきます。2017年末には、ご近所に住んでいたおばあさんが孤独死して、死後2カ月たってから遺体が発見されました。

でも結局のところ、私も立派な団地の住人なんです。団地の人たちにしてみれば、同じように私を軽蔑しているかもしれないし、団地外の人には同類だと思われている。

だから私の夢は、年収400万円以上で綾野剛似のイケメンと結婚して専業主婦になること。掃き溜《だ》めみたいなこの団地から、外の世界に連れてってくれる白馬の王子様をずっと待っています。

証言② 手取り13万円の旦那に代わり、「パパ活」で生活費を稼ぐ主婦

矢野桃香（仮名・26歳／スーパー・パート 月給10万円）

4歳になる子供と50歳の旦那と3人暮らしです。近所のスーパーでレジのパートをしていますが、子育てしながらなので長時間働くわけにもいかず、毎月10万円稼ぐのがやっとです。正社員なら育休手当とかもあるのでしょうが、パートの場合は休んだ分だけ収入が減ってしまうのが痛いですね。

お客のクレームは大抵レジにいってくるし、先輩のババアは偉そうだしで、ストレスの溜まる職場です。老婦人は、若いママには当たりが厳しいんです。お局（パート）のババアは、私が売春をやってるみたいな変な話をチーフに吹き込んでるみたいで、時給も全然上がりません。うちの店ではなぜかそのお局が、ほかのパートやバイトのシフトもつくっているため、全然働かせてもらえないんです。

前に「生活が苦しいのでもっとたくさん入りたいです」とお願いしたら、「桃香ちゃんはママなんだから、そんなに仕事ばかりしてちゃダメよ」と断られました。だから、とにかくお金のやりくりに困っています。アパートのインテリアは全部

100円ショップで買ったものだし、カーテンは厚手のものは高くて買えないのでレースのみ。テレビ台はビールケースに布を被せてごまかしています。

土日には家族でモデルルームを回って景品をもらったり、デパ地下の試食を食べに行くとかずっとそんな生活。今着ている服だって、ブラウスは350円、スカートは270円、ピアスは100円、靴はもらい物です。

女性の幸せって旦那で決まると思うんです。年が24も離れた旦那とは、5年前、コンビニのアルバイトをしていたときにナンパされて知り合いました。当時は年上の男性が好きだったので、そのままできちゃった婚。付き合っているときは全然気づきませんでしたが、実は旦那はめっちゃ貧乏だったんです。

その当時、私が21歳で向こうは45歳なので、当然お金を持っているだろうと思っていたら、工場勤務で年収180万円、毎月の手取りが13万円でした。しかも重度のパチンコ依存症で、サラ金からの借金が150万円もあったんです。

全部、結婚してから知りました。だから結婚式もあげていないし、結婚指輪も買ってもらっていない。なので、友達とかに「結婚式どうだった？　指輪見せて」とか聞かれても、なにも答えられないから恥ずかしい。まあ、今さら指輪を欲しいとも思いませんが。

パパ活は旦那も公認

今住んでいるところは、埼玉県の工業地帯にあるアパート（最寄り駅から徒歩30分）。家賃の4万円だけは旦那がなんとか払ってくれていますが、家庭の生活費は全部自分で稼いでいます。

子供が生まれたばかりの頃は、仕事ができる状態ではなかったので、旦那の収入だけが頼りでした。でも、結婚生活が始まってからも旦那はなにひとつ変わらず、借金返済とパチンコで給料をほとんど使っちゃうようなダメっぷり。しかも4円パチンコと20円スロットしか打たないっていう、わけのわからないポリシーがありました。

そんな感じで旦那はまったく頼りにならないので、子育てのお金は友達に教えてもらった池袋や上野の出会い喫茶に行って、パパ活をして手に入れていました。デートのときは日用品や薬、化粧品を買ってもらったりしてましたね。

もちろんエッチはなしだけど、人によっては私のパンツを7000円とかで買ってくれるんです。なかには変態もいて、3日以上穿《は》いたパンツじゃないと買い取らないっていう人もいます。気持ち悪いけど、その7000円で新しいパンツが買えると思ったら安いものです。

ちなみにパパ活は旦那も公認。嫁がパンツを売ろうが、なんとも思っていないようで、それどころか「俺これが欲しいからパパに頼んでみてくれない?」みたいな調子。

こんな人生に希望なんてあるわけないんだから、今のスーパーのパートをやりつつ、最近は子供が大きくなったことだし、またパンツでも売ろうかなと悩んでます。

証言③ 整形手術の借金を返すために、薄給のエステで働き続ける

山田真理恵(仮名・26歳/メンズエステ・バイト 月給22万円)

メンズエステ店で働くようになったのは1年前です。店舗・出張両方の勤務体系で働いています。給料は歩合制なので、たとえば1回の施術で客が90分1万円を支払った場合、店舗なら基本料5000円(5割バック)+指名料+オプション100

%バック、客の自宅やビジネスホテルなどに出張する場合は、指名なら基本料6000円（6割バック）＋指名料＋オプション100％バックとなっています。

90分で最低5000円も稼げるなら割のいい仕事じゃんって思うかもしれませんが、実際は結構シビア。月給は大体22万円ぐらいです。最初の頃は店がフリーの客をつけてくれていたけど、ほとんど指名客にならず……。だから店も前ほどは新規客を私に振ってくれなくなりました。うちの店では保障がないので、せっかく店舗に出勤したのに収入が0円だった日もありましたね。

そうなると、出張のほうが稼げますが、正直あまりやりたくはありません。泥酔した客や高圧的なお客はもちろんですが、こういう仕事だと風俗と勘違いして来る客も多くて、本番や抜きを求めてくる人は多いんです。

俳優の新井浩文が派遣型エステの女の子に暴行する事件がありましたが、実際に客と2人きりになると変なことを要求されるケースは結構あります。「うちはそういう店じゃないので……」というと、さすがに力ずくでなにかしてくる人はいませんが、「じゃあちょっと見てて」と自慰行為を始める人もいました。そのときはなにかされたら怖いから、とりあえず黙って正座して見ていましたね。

店だったら大声出せばどうにかなるけど、密室で2人きりだと逃げ場がないので本当に怖いんです。

そんな怖い思いをするぐらいなら転職すればいいのにっていう人もいますが、私はお酒が飲めないのでキャバクラやガールズバーは無理。かといって風俗なんかでは絶対に働きたくないんです。

給料のほとんどが借金返済に

稼いだお金は全部ローンの返済に消えてしまうので、今は実家にパラサイトしています。4枚のクレジットカードはフル活用していて、借金は350万円以上。22万円の給料のうち20万円を返済に当てています。全部、美容整形の支払いです。

大学1年生のときにモデル事務所に入ったのですが、全然オーディションに受からず自分の顔に自信を失っていたんです。その後、20万円かけて二重瞼《ふたえまぶた》の手術をしましたが、今度は鼻の低さが悪目立ちしてしまい、次は鼻の手術に40万円。

ここまでお金をかけても仕事が全然来なかったので、モデルは諦めてグラビアを始めることにしました。もともとスタイルには自信があったけど、当時はCカップ。

事務所の人に「グラビアをやるなら最低Dはないと厳しい」といわれ、しかたなく100万円で豊胸手術。全身脱毛代で60万円。終《しま》いには、口元も直したほうがいいといわれ、審美歯科で前歯を総入れ替えして200万円もかかりました。

もちろんここまででかかった整形費用は全部、自腹です。これだけしたにもかかわらず、オーディションに受かったのはエキストラみたいな地味なCMのみ。

事務所から「仕事が欲しいなら自己投資しろ」といわれるがまま整形手術を繰り返してきましたが、のちのちグラビア仲間から聞いた話だと、事務所は美容外科からキックバックをもらっていたそうです。

24歳の頃に絶望するも、時すでに遅しで……。なんとか早く借金を返そうと思い、出会い系サイトに登録。エッチと引き換えに3万～5万円のお小遣いをもらう仕事を始めました。でも、終わった帰り道「私、こんなオッサンとセックスするために、きれいになりたかったわけじゃないのに……」って毎回みじめで泣いていました。

それで、もともと美容は好きだったし、だったらエステで働こうと思ったんです。だから絶対に私は体を売って稼ぐようなことはしたくない。あんなみじめな思いをするぐらいなら、借金まみれの今のほうがまだマシです。

証言④ 「前科者は貧乏のままか、刑務所に戻るしかないんです」

庄司亜里沙（仮名・26歳／ピッキング・バイト 月給10万円）

今は生活保護を受けながら、大きな倉庫でピッキング（検品、仕分け、梱包）のアルバイトをしています。よく見た目がゴツいねっていわれるけど、別に重い荷物を持ち上げて鍛えたわけじゃありません（笑）。

たしかに倉庫の仕事って結構キツいんです。とくに繁忙期は常に出荷時間に追われるし、ピッキングミスや配送先を間違えたりしたら、クレームがきて社員にキレられる。そもそもあんなすごい量の物を正確にピッキングするなんて無理！ だだっ広い倉庫を一日中歩きっぱなしで足が棒のようになるし、重い荷物で腰を痛めることもしょっちゅう。

そんなハードな仕事なのに一日中汗水たらして働いても時給１０００円、月収にしたら10万円程度。変な話なのが、入社した時期によってアルバイトの時給が全然違うんです。なかには時給１５００円以上で入った新人君もいます。

しかも、職場の40代ぐらいの上司(社員)がホントに使えないんです。なにも自分で決められなくて本部のいいなり。責任をとらされることがイヤで、いつも自分以外の誰かを悪者にする。そいつのせいで辞めたアルバイトは数え切れません。この上司は私のいちばん嫌いなタイプの男でした。でも私みたいなバイトがなにか文句をいったところで「イヤなら辞めろ」っていわれるのがオチ。

昔の私だったら半殺しにしていると思いますが、そんなことしたらまた刑務所に逆戻り。さすがにそれだけは避けたいんです。

2019年の春に刑務所から出所して、今の倉庫で働き始めました。人生で初めて経験するまともな昼職です。

だいぶ話が遡《さかのぼ》りますが(笑)、中学3年生のとき、ホステスだった母の彼氏が、私の人生を狂わせたんです。彼は母の店の客で、元暴走族の土建屋の中年男。そいつには連れ子の娘がいて名前はカズミさん、年齢は私の4つ上でした。メチャメチャ不良だったカズミさんの影響で中学に行かなくなり、援助交際を始めました。テレクラで出会った男と3万円でセックスしたり、あるときはカズミさんの彼氏を呼んで、援交相手をボコボコにして金を巻き上げるみたいな。

中学を卒業したあとも高校には行かず、毎日テレクラに電話して売春。性病には何度も罹《かか》ったし、子供を堕《お》ろしたことも。稼いだ金は全部ホストに貢いでましたね。当時、自転車の鍵を開ける遊びが流行《はや》って何千台もやっていたら、ついに警察に見つかって少年院にぶち込まれました。少年院では悪態ばかりついてたので、出るのに1年半もかかりましたね。

出所できたときは17歳。地元に戻ってピンサロとかデリヘルで働き、相変わらずチンポ尽くしの日々を送っていました。

でも、働いてた店にほかのキャストたちの物を盗む手癖の悪い女がいて、何度か注意したのに全然やめる素振りがないので、ついにブチ切れちゃった。監禁して顔をボコボコにぶん殴って半殺しにしちゃったので、また少年院に逆戻り。

前科者は仕事が見つからない

21歳で出所してまた地元に戻ると、今度はカズミさんが覚せい剤中毒になっていました。カズミさんの仲間に私もやるように命令され、いうことを聞かないと暴力をふるわれるので、やってみたら案の定ハマっちゃったわけです。

それ以来、体中に虫がはってくる幻覚を見たり、女のささやき声の幻聴が聴こえたりと、かなり廃人だったと思います。さすがにこのままじゃ人生がダメになると思って自首し、懲役3年の実刑判決が出ました。

出所後は、女子刑務所で知り合った女性に身元引受人になってもらい、社会福祉事務所経由で家を探し、今の倉庫のピッキングの仕事を始めました。

でもいつか、犯罪者の血が騒いでまたムカつく同僚や上司をボコボコにしそうで怖い。この先も貧乏のままか、刑務所に戻るかしか、私には道がないと思います。

証言⑤ 時給700円、交通費なしの工場で働く、同人誌好き腐女子

清水雅子（仮名・38歳／部品工場・バイト 月給12万円）

私は今38歳。高校を卒業して生まれた東北の田舎町から上京し、最初は飲食店で社員として働きました、時給がいいキャバクラに勤め出して以来、十数年キャバクラでした。ただ、六本木や新宿などの都心の店は怖くて、中央線沿線の地元キャバばかり。若い頃は人並みにモテて彼もいたりしました。でも、今は彼氏いない歴17

年のアラフォーです。キャバクラで客に言い寄られたりもしたけど、ある趣味のせいで続かないんです。

実は私は筋金入りの腐女子です。それを打ち明けると男は去っていく。ずっと貧乏なのも同人誌のせい。収入に見合った支出ができない。夏と冬のコミケには必ず参加し、「薄い本」と呼ばれる同人誌やグッズを買い込んでます。

30歳を超えるとさすがにキャバクラはきつくなり、熟女パブと呼ばれる場末の店で働くようになりました。それもやがて無理になり、水商売を辞めて2018年から、東京の外れの工場で、時給700円の電子部品のピックアップのアルバイトを始めました。作業内容は単純で、指示書に書かれた部品を棚から集めて、ベルトコンベヤーの上にある箱に詰めるだけ。ペースはほかの人よりも遅いけど、その分正確だと褒められています。ただ、棚の上にある部品が重くて腰を痛めてしまうんです。

このバイトは基本的に地元から採用するというのが建前だから、交通費も支給されない。キャバクラも交通費は出なかったから、そんなものかと思ってOKしたんですが、この時給で交通費自己負担はつらいです。半年たつと時給が10円だけアップするんですが、1日当たりの増額で100円にも満たない。それでも応募する人が多いのはなにも技術を持っていなくても、煩《わずら》わしい職場の人間関係のストレスがゼロの職場だからだと思います。

工場は小さい繁華街の外れにあります。食事は、コンビニでパンを買って食べています。生活は昼型になったけど、同人誌は以前ほど買えなくなって、そのうえ生活はどんどん厳しくなってます。

キャバ時代に消費者金融からお金を借りていましたが、同僚にテキヤの娘がいて、彼女の知り合いの司法書士らしき人が、なんとかしてくれるというのでお願いしたらチャラになりました。書類も書かなかったのでどうやったのかはわからないです。たぶん過払い金のなにかだと思うけど、もう二度と借金はできないといわれました。

両親も兄も姉も全員が非正規

コミケのときは、行けば10数万円単位で買い込むために同人誌貧乏です。お金はコミケ用にとっておくので、生活のための貯金なんかできません。あまりにお金がないので同人誌を売りに行ったこともあるんですが、「煙草のにおいがする」と買い取り額を大幅に叩かれました。

5つ年下のヲタ友が、やはり同人誌貧乏です。スーパーでレジのバイトをしてて、その理由が「技術を身につけておけば食っていけるから」。底辺腐女子には今後を生き抜く「技術」なのだそうです。その堅実さに感心しました。

食事は節約してますが、家賃の支払いは遅れ気味です。家計はマイナス状態なのに、2018年の7月に謎の全身じんましん、夏は膀胱《ぼうこう》炎、激痛の虫歯と体の不調が重なって、さらに秋にはぎっくり腰でバイトを休むはめに。工場はぎっくり腰を有給扱いにしてくれて助かったけど、収入はやはり落ちた。上京してからずっと住んでいる6畳一間のアパートの大家に交渉したら「長年住んでいるから」と家賃を少し下げてくれたのはありがたかったです。

腐女子をやめれば婚活もできるかもと思いましたが、恋愛のやり方を忘れてしまったので、もう結婚はできないかもしれないと思ってます。

私が貧乏なのは自業自得だけど、実家にいる両親も兄も姉も全員が仕事は非正規です。家にはまだ私の部屋もあるから帰れないことはないのですが、これまで人生を懸けてきた腐女子の生活からは離れられそうにないです。

証言⑥ 劇団のノルマ達成のために借金まみれで風俗嬢に

木下麻悠（仮名・32歳／ビル清掃・バイト 月給14万円）

初めて劇団四季の『キャッツ』を観たとき、悲しくもなんともないシーンで涙が出ました。当時の私は7歳でしたが、そのときに「ミュージカル女優になる」という夢を持ったんです。なので、もう25年も女優の夢を追っていることになります。出身も現住所も群馬県。こんな秘境にいて女優になりたい、なんて笑われそうですけど、東京に住んでいた時期もあったんですよ。でも、女優になりたい一心で頑張っていたら、どんどんお金がなくなって、借金もたくさんしました。今は実家暮らしのフリーターで劇団員。劇団の稽古のときは上京しています。両親や同居している弟夫婦には邪魔者扱いされてるけど、売れるまでは実家にいるつもりです。

小学生のときに、都内にある児童劇団に入ったんですけど、レッスン料や宣材費がかさむわりに、まったく仕事がなかったのですぐに辞めました。中高は演劇部に入って、カルチャーセンターで歌と演技のレッスン。高校を卒業したら日芸（日本大学芸術学部）とか演技の専門学校とかに行きたかったけど、周りの子たちや先生に

「まだそんなこといってるの？」みたいにいわれて、そのときは、現実を見て地元の小さな運送会社に正社員で入りました。でも、完全には演劇から離れることができず、劇団に所属したのですが、仕事が忙しいと稽古ができないことが苦痛になってしまい、迷わず会社のほうを辞めました。

私が多額の借金を背負うことになったのは、上京してある劇団に所属していた頃のことです。著名な俳優や芸人が主宰することもある劇団だったんですけど、いちばん大変だったのはチケットノルマです。小劇場やライブハウスって、公演をするために最低限売らなければならないチケットの枚数が決まっているんです。ノルマを達成できなければ、差額は自腹です。ノルマは出演者全員に課せられるので、どんなに端役《はやく》でも集客をしなきゃいけなくて、友達に片っ端から連絡して来てもらった時期もあります。でも、それを続けていたら、まず友達がいなくなりました。誰も来てくれないと自腹なので、今度はお金がどんどんなくなっていって、正社員時代につくった4枚のクレジットカードは毎月限度額いっぱい。最終手段でサラ金で借金をして、返済時期になったらバイト先にお給料を前借りさせてもらったり、親や親戚にお金を借りたり、金策に走りました。最終的に借金額は500万円。夢と現実のギャップを突きつけられたときは、かなりショックでしたね……。

風俗で「処女」を売る

それでも、演じているときの楽しさには代えられなくて、28歳のときにお金を稼ぐために風俗嬢になりました。私が働いていたのは「自由出勤・ノルマなし・個室待機」という、自由度の高いデリヘル。でも、もっとお金が欲しいと思って、自分自身に付加価値をつけたんです。

それは「処女」を売ることです。私は28歳まで演劇にだけ熱中していたので、恋愛もセックスも未経験でした。でも、ギリギリ20代だし日本では処女の市場価値が高いと聞いて、デリヘルの事務所に行ったときに「私、処女なので最初のお客はプレミアム価格でお願いします！　入札制とかどうですか⁉」と提案したんです。すると、私の処女に30万円を出す人が現れました。しかも、定期的に指名してくれて、お友達も紹介してくれたんです。そのお客さんは面倒見がよくて、私に風俗嬢としてのイロハを叩き込んでくれました。どんどん指名も増えて、働いていた2年間で1000万円近く稼ぎました。結構人気があったんですよ。

でも、これ以上デリヘルで働いていると劇団のお客さんにバレる可能性もあるし、劇団のイメージにも関わるので風俗嬢は卒業しました。デリヘルが悪いわけじゃないんですけど、将来売れたときにスキャンダルになっても困るので。でも、チケットノルマがなくなったわけじゃないし、もらえる役は端役ばかりだからお金は必要。親戚、知人への借金も完済できていません。今はビル清掃をメインに、ファミレスのバイトを掛け持ちしています。夢を追うだけでも、お金はかかるんです。

証言⑦ 自分磨きにお金をつぎ込み、セレブ婚を夢見て極貧に

宮沢紗希（仮名・37歳／受付・派遣 月給18万円）

お給料は全部、婚活と自分磨きにつかってます。むしろお給料じゃ足りなくて2枚あるクレジットカードは限度額いっぱいつかってますね。実質マイナス100万円です。自分磨きってすごくお金がかかるんですよ。化粧品は高額だし、1カ月に一度はエステに行きます。エステはフェイシャルからボディまで施術する38万円のフルコース。それくらいしないと、私は婚活市場にいることすらできないんです。

身だしなみに気をつかっているので見た目ではわからないと思うけど、生活は極貧です。今住んでいる家は私鉄の沿線にある、寂れた家賃4万円の木造アパート。風呂なしでシャワーブースだけの、うなぎの寝床みたいな部屋です。夏は節約のためにクーラーもつけません。最近の酷暑は本当につらいですね。自分の生活水準を限界まで下げても、結婚したい気持ちのほうが強いです。

結婚に繋がるものなら、なんでもお金をかけてます。茶道や華道、料理教室に英会話、ジムにも通ってます。高齢の男性と結婚しても問題ないように、介護ヘルパーの講座にも行きました。もちろんすべて自腹です。しかも私が行く婚活パーティーは男性のスペックが高いので、参加費が高いんです。たとえば、男性の年収が「1千万円以上」とか「弁護士・医師限定」の婚活パーティーの場合は、1回につき1万5000円支払うこともあります。

私が育ったのは、埼玉県のごく普通のサラリーマン家庭。中流家庭で可もなく不可もなくって感じです。勉強は苦手だったけど、小さい頃から容姿を褒められることが多かったんですよね。学生時代は学校内で人気の男子と付き合っていたし、私は価値のある人間だと思っていました。まあ、容姿から来る自信ですよね。

高校を卒業してから東京で一人暮らし。派遣社員として大手建設会社の受付嬢をしていた時期もありました。受付嬢は花形なので、社内の男性から言い寄られることもあったんですけど、当時は「普通のサラリーマンは私にふさわしくない。私が結婚すべきなのはカッコよくて優しくて社会的地位が高い男性だ」という意識があり、お断りしてました。

本格的に婚活を始めたのは27歳のとき。もともと結婚願望が強かったし、子供も産みたい。とくに昔は、相手はセレブじゃなきゃありえないっていうこだわりもあって。私自身、ずっと男性にモテてきた自信もあったから、すぐに結婚できると思ってました。でも、なかなか理想の相手に出会えなかったんです。

婚活で出会った男性は、みんなエリートでお金持ちなんですけど、ルックスがイマイチとか会話が成り立たないからとかでNG。たまにお付き合いをしても、ずっと自慢話を聞かされてウンザリしたり、食べ方が汚かったり、セックスがヘタとか、いつの間にか相手を減点方式で見るクセがついてしまったんです。今思えば、私何様って感じ。贅沢《ぜいたく》ばかりいっているうちに30代に突入してました。あの頃は、今ほど自分磨きにお金をかけていなかったと思います。

空っぽの三十路《みそじ》超え女だと気づかされた

私が自分磨きを始めたのは33歳を超えてから。婚活パーティーに行っても、今までのようにモテなくなったんです。会場では私が透明になったように、誰も話しかけてこない。衝撃でしたね。そのときやっと、私なんて客観的に見れば高卒で庶民の派遣社員。手に職もない、空っぽの三十路超え女だと気づかされた。それに気づいたのは33歳。遅すぎますよね。それから、いろいろな習い事を始めて、男性とのデートも割り勘にして相手に嫌われないように頑張っています。でも、ご縁がないまま37歳になりました。昔よりは現実は見えてるつもりだけど、周りに妥協したと思われたくなくて「社会的地位がある人」という条件は絶対に譲れない。でも、出産のリミットも近づいているし、正直、どうすればいいのか、全然わからないです。

第五章

シングルマザーの貧困世界

全国で約１２３万世帯にのぼる母子家庭(シングルマザー)の貧困は、最も深刻な社会問題のひとつである。全国母子世帯等調査(厚生労働省)によると、母子家庭の平均年間収入は２２３万円(平均就労所得は１８１万円)。全世帯平均所得５４５万円(国民生活調査)、児童あり世帯の平均所得７０７万円を大きく下回る。

近年、子供の貧困が問題視されるが、相対的貧困に該当する親の元で暮らす子供たちが〝子供の貧困〟といわれる状態になる。現在、６人に１人の子供が該当するとされるが、母子家庭の子供たちが貧困に該当する確率は高い。

養育費をもらっているのは15％

30人クラスで5人が貧困に該当することになるが、貧困者の取材を続ける私から眺めても本当にそのとおりという数値だ。多くは近隣に親や親戚がおらず、誰も助けてくれる人がいない環境(関係性の貧困)を抱え、老朽化した団地やアパートに住み、一家を支える母親は無理してダブルワーク、トリプルワークをしている。企業はシングルマザーに対しては最低賃金程度しか払う気がないので、生きていくためには必然的に長時間労働になる。

そして子供はネグレクト状態になる可能性がある。必要な時期に母親がいないので、子供たちは精神的な問題を抱えたり、学習が遅れたり、非行に走ったりする場合もある。

「養育費をもらえばいいじゃないか」とよく聞くが、元夫から養育費が滞りなく支払われる人は15％程度しかいない。多くのシングルマザーは経済的な貧困、関係性の貧困、情報の貧困と貧困のすべての要素を抱えているので、本当に深刻な問題である。

日本のシングルマザーの貧困は、国際的にも異常な水準に達している。日本のひとり親世帯の貧困率は50・8％（『平成26年版 子供・若者白書』内閣府）と、常軌を逸した水準となっていてOECD各国のなかで圧倒的な最下位である。デンマークやノルウェー、スウェーデンなどでは数％（3〜5％）を推移していて、激しい格差社会になっているアメリカでも35％弱である。

日本は先進国とは到底呼べない悲惨な事態になっているのだ。もはや手遅れ、といった状況である。

そしてシングルマザーの貧困は、子供に連鎖する。親が貧しいということは、満足にご飯を食べることができない、子供が修学旅行に行けない、給食費が払えない、進学できないという問題だけでは終わらない。

文部科学省が行っている「全国学力・学習状況調査」で、保護者の世帯収入と子供の学力が比例することが発表された。とくに算数でその傾向が顕著で、親が年収200万円未満と1500万円以上の世帯の子供とでは100点満点中20点の差がついたという。大人と同じく、子供もまったく平等ではなく、年収が少ない母子家庭に生まれた子供は未来も暗くなりがちなのだ。

精神疾患に悩まされるシンママ

私はたくさんのシングルマザーの取材を経験しているが、精神疾患を患っている母親は多い。うつ病から始まり、双極性障害、統合失調症と症状はさまざまで、先日はセックス依存症の母親を取材した。不安と寂しさからセックスしていないと精神が安定しなくなり、フェイスブックで男性を誘っては肉体関係を結んでいた。

貧困母子家庭の母親のほとんどは夫によるDVやモラハラに耐え切れず離婚し、結婚生活と離婚時に精神的なダメージを受けている。離婚をすれば問題が解決するわけではなく、その後に貧困レベルの生活苦を強いられる。お金と子供の悩みに明け暮れ、大抵は稼がざるを得ないので長時間労働も強いられる。子供をネグレクトしながらダブルワーク、トリプルワークすることで、多くの母親は精神の限界を超え、精神疾患になってしまう。最後の砦《とりで》である自分の健康も壊してしまうのだ。

精神疾患を患った母親は、まともに働けなくなり、さらに生活は苦しくなる。そうなると、職場や子供との人間関係にも亀裂が入りがちで、子供を虐待したり、藁《わら》をも掴む思いや焦燥が原因で、さらに悪い男に引っかかったりする。

生活保護を受けることができれば助かるが、まだまだ公的扶助は周知されていない。救済制度を知らずに悩み続けて、無理な就労を継続する。この段階で夜の世界や風俗を考える母親も多いが、女性の供給が圧倒的に増えている裸の世界はデフレであり、最後の手段である性を売っても貧困は解決しない。

また、市場原理主義を徹底している日本社会もシングルマザーたちの貧しさにつけ入る。深刻な人手不足に陥る飲食業界や介護業界はシングルマザーを積極的に雇用するが、彼女たちは低賃金でも文句をいわずに一生懸命働くので、その都合のよさを見抜いた一部の業者は彼女たちにブラック労働を強いる。規定どおりに給与を支払わない、違法労働させるという事業所は膨大にあり、一度、貧困に足を突っ込んでしまうと負の連鎖が止まらないのだ。

このように、日本社会におけるシングマザーを取り巻く環境は過酷だ。ここでは7人のシングルマザーの抜け出す道の見えない〝悲痛な声〟を届けたい。

証言① 収入も貯金もガチで〝ゼロ〟。子供は実母任せのニート母

澤村玲香（仮名・28歳／無職 月給0円）

実家で母と小学生になったばかりの息子の3人で一緒に暮らしています。ご飯や洗濯は母がやってくれるし、子供の面倒もほとんど見てくれているので、今は仕事はなにもしていません。きっと娘の子育てを失敗した分、なんとか孫はちゃんと育ってほしいという思いがあるんでしょうね。

母が見てくれているから、子供は保育園には通わせませんでした。母も私も保育園とか通わなかったけど別にこの年まで普通に生きてこれたし、今みたいに無償化

やらなんちゃらみたいな制度もなかったので高いお金を払うのも無理でした。

母はまだ45歳で、スナックで働いていて、今はその収入で生活してます。私は家で一日中ゴロゴロして過ごしてますが、母にすれば娘と年の離れた息子を養ってるような感覚なんだと思います。とはいえ、自分自身は収入も貯金もガチでゼロ。さすがに母からお小遣いをもらうわけにもいかないので、昔バイトしてたキャバの常連客とよく一緒に飲みに行って、酒やご飯をたかってます。

自分でいうのもなんだけど、デブスなので見返りにセックスを求められるとかはありません。私が「いつになったらホテルに誘ってくれるの?」っていっても、「いや、気持ち悪いんだけど(笑)」とか冗談を言い合うような仲です。

ただ、子供がいることは一応客には隠しています。男の人の場合、仲良くなればなるほど「子供がいるのにいつまでこんなことやってるの」「いい加減真面目に昼職したら」とか言い出すんです。きっとそれも男特有の情みたいな感じでいってくれているんだとは思うけど、正直迷惑。

私への文句を通じて子供を悪くいわれてるみたいだし、自分も母子家庭育ちなので母を悪くいわれている気もするんです。

中学生のとき、母が再婚していきなり知らないオッサンが父親になりました。そのあたりぐらいから家に居づらくなって、友達の家を転々とするようになり、勉強もまったくしなくなりました。友達の家で酒飲んでタバコ吸って、コンビニから期限切れの弁当をもらって食べて、男の先輩の家に呼ばれて初体験済まして、みたいな。今思い返すと、かなり荒《すさ》んだ生活をしていましたね。

だから中学の通知表はほとんど「／（スラッシュ）」。これは学校に行かなさすぎてつけられる「1」以下の評価（判定不能）っていう意味らしいです（笑）。一応、中学卒業後は進学しましたが、入ったところは東京でいちばん偏差値の低い高校。入学試験は名前さえ書ければ誰でも合格できるレベルで、本当にバカ校でした。授業中は完全に学級崩壊状態で、女子はおしゃべり、男子は寝てるか麻雀でした。

当分は家で寝て過ごそうと思ってます

結局、高校は面倒くさくなって1年で中退。池袋のヤマンバギャルになって、ピカチュウの着ぐるみを着て遊んでましたね。サンシャイン近くの溜《た》まり場で一日中酒飲んで、そこで知り合ったヤンキーとホテルでセックスしまくってました。

21歳のとき、当時のセフレとの間に子供ができて、気づいたときには妊娠4カ月でした。別に彼氏じゃなかったけど、一応「産みたい」って伝えたらそこから音信不通。まあ、付き合ってたわけじゃないからしょうがないけど……。出産でお金が必要だったから、しょうがなく風俗で働きました。風俗には似たような境遇のシンママがたくさんいて、待機している誰かが子供を見ててくれるからかなり助かりましたね。でも、風俗は息子が物心つく前には上がりました。

そこからは、母親が離婚したと聞いて実家に戻り、地元のキャバで3年ぐらい働きました。子供が小学校に上がり手がかからなくなってからはずっとニートです。さすがにそろそろ働かないとな～とは思っているんですけど、どうにもやる気が起きないんですよね。これまで風俗や水商売しか経験がないので、どうせ働くにしても「また夜の仕事か～」って思うとげんなりする。ひとまず、子供とたまには遊びながら、当分は家で寝て過ごそうと思ってます。

証言② 恋愛体質で若くしてバツ3。食品工場と援交で3人の娘を養う

井口穂花(仮名・28歳/食品工場・バイト 月給7万円)

昔から恋愛体質なんです。男の人を好きになるとすぐ一緒に住みたくなって、彼中心の生活を送ってしまいます。大好きな人と一緒に過ごしている時間がなによりも幸せで、心も体も甘えたくなるんです。こうした性格もあって、父親が別々の子供を3人産み、今は埼玉県でシングルマザーをやってます。

最初に妊娠したのは高校2年生のときで、ひとつ上の彼との間に長女が生まれました。高校は卒業したかったけど、学校側から勧められてしかたなく自主的に退学。

その後は実家で子育てし、彼の卒業に合わせて向こうの実家で家族3人一緒に住むことになりました。彼は地元の先輩の会社で金貸しの仕事を手伝っていましたが、仕事がない日は子育てや家事もやらずに遊んでばかり。給料も毎月40万円ぐらいもらっていたみたいだけど、全部飲み代に使っちゃって家にはまったくお金を入れてくれませんでした。

それなのになぜか私が姑《しゅうとめ》から「子供の生活費ぐらい稼いできなさい!」って怒

られ、しかたなくキャバ嬢になりました。頑張って月100万円近くも稼いだのに、全部彼と姑に使われ、頭にきて娘を連れて離婚。19歳で早くもバツがつきました。

実家に戻ると祖父が認知症になっていて、親から穀潰《ごくつぶ》し扱いされていた私は祖父の介護を押しつけられました。その頃はなんの仕事もしてなかったので、最初は渋々やっていましたが、排泄《はいせつ》物処理の気持ち悪さにギブアップ。北関東にある(寮と託児所つきの)温泉旅館で仲居の仕事を見つけ、実家から逃げ出しました。

最初は見知らぬ土地で仕事をするのは不安でしたが、職場で30歳の板前と出会い、いろいろと相談に乗ってもらううちに好きになりました。ほどなくして彼と付き合うようになり、同棲を経て再婚。彼との間に次女が生まれ、これから幸せな第二の結婚生活が待っていると思いましたが、その期待は裏切られました。

板前の男は、出会った頃は硬派で優しい人だったのに、次女が生まれてからは、連れ子の3歳の長女を虐待するようになりました。しつけと称して必要以上に子供を叱りつけ、髪を引っ張り回したり平手打ちまでするようになったんです。

さすがにこの人と一緒にいたら長女が殺されると思って、二度目の離婚。結局、この結婚も1年半しか持ちませんでした。

旅館を退職して24歳のときに、さすがに2人の娘を育てるには1人じゃ無理だと思い、今度こそ実家に帰ることにしました。そしたら祖父だけじゃなく、今度は祖母まで認知症になっていたんです。

子供に内緒の援交

2人の介護を押しつけられてこのままじゃマズイと思い、娘2人を連れてまた家出。寮つきのソープランドで働くことにしました。このときは25歳で、次に好きになった男性はソープの店長でした。店長は悩みを真剣に聞いてくれて、少しでもお金を稼げるようにシフトを多めに入れてくれたりと気にかけてくれたんです。

店長に口説かれて同棲するようになり、三女に恵まれましたが、店長は店の金を使い込んで行方不明になっちゃいました。このままだと借金を肩代わりさせられそうだったので、悲しみに浸る間もなく私も急いで子供たちを連れて逃げました。

そんなこんなで、今は食品工場で働いています。工場では人と話す機会がないので気楽ですが、仕事自体はいつも同じことの繰り返しでつまらないですね。しかも食品を扱っている会社なので、ゴミや虫などが誤って混入しないように気をつけたりと、みなさんとても神経質なんです。正直、私とは正反対の性格ですね。

給料は月7万円。長女は就学援助を受けているので給食費も教材費もタダだけど、次女のほうは保育料が2万円もかかっています。毎月5万円ぐらい生活費は足りていないので、その分は子供に内緒で援交で稼いでますね。

最近、工場に出入りする業者の人と付き合い始めましたが、さすがにもう子供はいいかな、とちょっぴり思っています。

証言③ 虐待で子供を施設に送られた、セックス依存の管理栄養士

飯田登代子（仮名・39歳／管理栄養士 月給15万円）

管理栄養士として介護施設で働きながら、つい最近までシングルマザーをやってきました。2人の子供がいますが、2018年の秋に児童養護施設に送られてしまい、今は1人でワンルームのアパートに住んでいます。子供と離ればなれになった原因は私の虐待です。子供に暴力を振るうようになった理由は、これまでの自分の不幸な人生が憎かったのと、子供が邪魔になったことでした。

学生時代の私は勉強ばかりしていたタイプで、親や先生のいうとおりのいい子ちゃんでずっと過ごしてきました。クラスではいるかいないかわからないような目立たない存在。ブスだから男の人と付き合ったこともなかったし、エッチなことには一生縁がないと思っていました。大学で国家資格の管理栄養士の資格をとるも就活には失敗し、卒業後は非正規職員として学校や保育園を転々としていました。

29歳のとき、処女のままお見合い結婚して、中小企業のサラリーマンの夫との間に2人の子供を授かりました。これまでの人生でロマンチックな恋愛をした経験はなかったけれど、子宝に恵まれ、女性としての幸せという意味では合格点なのかなと納得した時期もありましたが、それも束の間のことでした。

36歳のときに子供たちが保育園に上がったことをキッカケに、今の介護施設で働くようになりました。当時、私には家族に秘密のちょっとした趣味がありました。それは仕事帰りにバーでお酒を飲むこと。

そこで1人の常連客の男性と知り合いました。気さくで爽やかな人で、年齢は私のひとつ上。彼は私の知らない世界のことをよく知っていて、とくに興味をそそられたのは「ハプニングバー」や「乱交パーティー」の話。興味本位でいろいろと聞くうちに、私の中の貞操観も変わっていき、実際に行ってみることになりました。夫には同僚と飲むといって嘘をつき、彼と一緒に初めて行ったハプバーでプレイルームを覗き見したとき、自分の中でいろんなものがパーンって弾けたんです。目の前で男女複数人が裸で絡み合っているんですからもうビックリですよ。

さすがに初見のその場で複数人と絡んだりはしませんでしたが、ムラムラが止まらない私は彼と店を出てホテルに。夫以外の男性と初めてセックスしました。

それからというもの、時間を見つけてはことあるごとに彼と会いセックス三昧《ざんまい》。ハプバーにも通い、5PやSMプレイなどもするようになりました。おそらくこれまで我慢してきた性欲が一気に爆発したんだと思います。

母親になるべき人間ではなかった

そんな性生活が夫にバレ、離婚。子供2人は引き取ることになりましたが、その後もハプバー通いがやめられずセックスまみれでした。

もっと遊びたいと思っても、管理栄養士の給料は手取りで15万円と安いので限界があります。同じコ・メディカル(医師・看護師以外の医療従事者)でも薬剤師は資格手当だけで11万円ぐらいもらえるのに対し、管理栄養士はたったの5000円。そのくせ、介護施設の朝食に合わせた出勤なので朝も早いんです。

もう少し仕事の愚痴を話すと、本来なら管理栄養士は栄養士と調理師を管理する立場なのに、なぜかお局の栄養士や職人気質な調理師のほうが偉そうなんですよ。とくに調理師にいたっては、料理の栄養価の指摘などをすると「つくってもいないくせに俺の飯にケチつけるな！」と怒鳴りつけられることもあります。

こうした仕事のストレスをセックスで発散したいのに、子供の食事もつくらないといけないし、家をほったらかしにもできない。そんなイライラをつい子供に向けてしまい、髪の毛を掴んで引きずり回したり、回し蹴りしたり……。そして39歳になったばかりの2018年の秋に、ご近所の通報で児童相談所が来ました。

正直、今は別に子供に会いたいとは思いません。偽善者ぶったことはいいたくない。おそらく私は最初から母親になるべき人間ではなかったんです。

証言④ 大震災で田舎に移住も離婚。頼る人のいない極貧生活に

佐川玲子（仮名・38歳／農業 月給12万円）

私は、東京の有名私大を卒業して、国内の大手家電メーカーに就職しました。そこで自社製品のプロモーションを手掛ける広報部門に所属していました。やはり、花形ですし、会社全体は男社会でしたが、広報部門は女性の意見が採用されやすく優遇されていました。年収も800万円くらいあり、今思えば恵まれていました。

30歳で「そろそろかな」と思って取引先の広告代理店に勤務する男性と結婚し、すぐに子供が生まれました。母親のサポートがあったので、出産後は会社の育休制度を利用して職場復帰できたし、夫も「イクメン」ブームに乗って積極的に育児参加してくれたので、結婚生活はそれほど大変ではありませんでした。収入は夫の分も合わせたら十分すぎるほど。本当に充実していました。

東日本大震災が発生したのは、子供が5歳になった頃です。震災時は職場にいて、幼稚園にいる子供が心配で震えました。かなりの距離を歩いて迎えに行って、会って抱きしめたときは、子供がどれほど自分にとって大切な存在か、再認識しました。

東京都心は際立った人的被害はありませんでしたが、大きな被害を受けた東北の様子や、福島原発の事故を知って、夫婦で改めて「生き方」や「子供の育て方」について話し合うようになりました。

そこから夫婦で取り憑《つ》かれたように原発問題や食の安全について勉強を始めたんです。放射能以前に農薬などで危険な農作物が多いことや、子供の口に入るものが添加物だらけであることを知り、原発事故を境に経済よりも環境優先の社会になるだろうと思うようになりました。それで、震災から数週間ほどたった頃に、夫の故郷である福岡に移住すると決めました。田舎で子供を食育しつつ、安全なオーガニックフードでのびのび育てようと考えました。

夫婦揃《そろ》って仕事を辞め、福岡のなかでも田舎の地域に引っ越しました。古民家を借りて、雑誌に出てくるようなカフェ風のおしゃれな家に改装しようと決めたのですが、現実はねずみが出るし、暖かくなるとナメクジも台所に出てきました。私は都会育ちなので、害虫に免疫がなく、つらかったです。

それから、近所の畑で少しでも自給自足しようと思って、比較的育てるのが簡単なジャガイモをつくり始めたのですが、鳥に食べられてしまって全滅したんです。

東京の人間が思い描いているほど、田舎暮らしは甘くなかったです。それに都会にくらべてやっぱり退屈なんですよね。当たり前ですけど。

震災の前に戻りたい

夫は、太陽光パネルの営業の仕事を始めたのですが、ノルマがキツくてすぐに辞めてしまいました。しかも仕事と偽って風俗に通っていたらしく、貯金が急激に減っていることが発覚。そんな夫に愛想を尽かして、移住から1年もしないで離婚しました。地元でもない場所で離婚するのはつらかったし心細かったです。養育費なんて一度も振り込まれたことがありません。

田舎暮らしは本当に大変です。東京に帰りたくても、子供に友達ができたので、ここを離れたくないというし、そもそも東京に戻るお金がありません。畑でつくったキクイモを売っていますが、本当に雀の涙にしかなりません。コンビニでパートをしていますが、時給もすごく安くて……。せめてフルタイムで働けたらいいのですが、母子家庭では無理です。助けてくれる家族もいないし。

震災の前に戻りたいです。いかに日常が幸せだったかを思い知らされています。

東京にいるべきでした。当たり前の日常がいちばん尊いものであり、それを自ら手放すというのは本当にバカな決断だったと思います。孤立無援です。

子供に習いごとをさせたり、教育の高い学校に通わせてあげたいのですが、今の環境と収入じゃ夢のまた夢です。将来、いい会社に入れるのか心配です。私たちのせいで、子供にしわ寄せが来てしまったことをなにより申し訳なく思っています。

証言⑤ 双極性障害を抱えながら子供を育てた生活保護受給者

広瀬美鈴(仮名・46歳/生活保護 受給13万円)

4年前に精神科で「双極性障害」と診断されました。一般的に、躁うつって呼ばれることが多い病気なんですけど、ハイテンションで活動的なときと、なにもできない、したくない憂うつな状態を繰り返す精神疾患みたいです。たぶん、私が精神疾患になったのは離婚した元旦那との結婚生活が原因だと思います。25歳のときに左官職人の彼と結婚して、娘も生まれて家も建てました。今思えば、あの頃がいちばん幸せだったかもしれません。

それからしばらくして、旦那の趣味だったパチンコ好きが悪化してしまったんです。私が住んでいるのは北関東の過疎の街です。田舎の娯楽は、パチンコとセックスくらいしかないので、どちらにハマっても破滅が待っています。旦那のパチンコ狂いもお小遣いじゃ足りなくて、いつの間にか200万円も借金をしていて、姉と相談して、親戚みんなでお金を出し合って借金を返済しました。

旦那は「もうしない」と約束してくれたんですけど、すぐに仕事に行くフリをしてパチンコに行き始めて、今度は借金300万円。そのときは、仲良くしてもらっていた車屋さんの提案で、新車をローンで買ってすぐに売って借金の返済にあてることになりました。いろんな人に迷惑をかけて、もうさすがに懲《こ》りたかな、と思ったら今度は闇金で500万円の借金。絶望しました。

旦那は、パチンコのことになると性格が豹変《ひょうへん》するんです。外出しようとする旦那を玄関で押さえつけても、力ずくで抜け出してパチンコ屋に走っていってしまいます。口論では私に敵《かな》わないので、頭に血が上ると私の髪を引っ張って殴りつけて、首を絞められたこともあります。旦那の暴力がいずれ娘に向くかもしれない、と思って離婚したんです。そんな地獄のような毎日によって、どんどん精神的に追いつめられていきました。

シングルマザーになってからアパートに引っ越して、パートで働きながら娘を育てました。北関東のど田舎だと、ちゃんとした生活ができるのは公務員や農協、信用金庫に勤めている人くらい。なので、ほとんどの人が倉庫や工場、介護で働いていてギリギリの生活をしています。私の仕事は、倉庫の棚からリストにある商品をピックアップして梱包する仕事でした。時給800円で、月収は8万円。プラス母子手当だけで暮らしていました。しかも、私は離婚後すぐに精神疾患を発症してしまったので、それ以上働くことができず、食べるのがやっとの生活。

しかも躁うつってすごく浮き沈みが激しくて、うつのときよりも躁状態のときのほうが危険なんです。躁状態のときは自殺する元気があるので。私も何度も首を吊ろうとしましたが失敗しました。金銭面だけでなく、私の病気のことでも娘にはいろいろと苦労をかけましたね……。娘は20歳になってすぐ「こんな場所にいられない」といって、都会に行っちゃいました。

ピッキングのパートに戻りたい

今は薬を飲んでいるので落ち着いていますが、治ってはいません。離婚直後の8年前から通院を始めて、どんどん症状が悪化して働くことができなくなりました。双極性障害と診断された4年前から、生活保護の受給者になったんです。今は家賃3万円のワンルームのアパートで、ハムスターのヒロシくんと暮らしています。本当に具合が悪かった時期は、1日の半分は寝て過ごしていました。最近は少し調子もよくなってきたので、朝8時に起きて家事をしたりテレビを観たりしています。狭い6畳の部屋で引きこもり生活をしていることに、不安がないわけではありません。生活保護を受けていることを知っているのは、姉と娘だけ。近所の人や友人には絶対にバレたくない。今は無理ですが、いつかまた倉庫のピッキングのパートに戻りたいです。当面はそれが目標かな。

証言⑥ 産んだ子の父親は全員不明。育てられないのに産む女

楢山久子（仮名・28歳／生活保護 受給13万円）

私の家は、母子家庭でした。物心ついたときには父がおらず、母はよく知らない

男の人を家に連れ込んでいました。そんな自分勝手な母は、私がなにをするにも「こうしなさい」「ああしなさい」と強く干渉しました。今思えば、家を出ていった父親の血が半分流れている私を憎悪し、支配したい欲求があったのでしょう。

私は、「母のようにはなりたくない」という一心で、高校を卒業すると友達の家を転々としながらアルバイトをしました。しかし、それから1年もたたないうちに私自身が母親になることになりました。

高校を卒業するときに付き合っていた彼氏から別れを切り出され、「最後の記念に」とコンドームをつけずにセックスしました。そしてその直後、別れたばかりで悲しんでいる私を彼氏の親友が慰めてくれたとき、勢いでそのまま同じようにコンドームをつけずにセックスしてしまいました。そのとき、どちらかとのセックスで私は妊娠していたのです。子供ができたと告げると、事情を知っている2人は責任を押しつけ合った挙句、うやむやにされてしまいました。

そして、私は19歳で最初の出産を経験しました。男の子でした。きっと、付き合っていた彼氏のほうが父親だと思います。中絶という選択肢もありましたが、「自分はあの最低な母親と違って、きちんと子供を育てられるんだ」という使命感に燃えていたのです。ところが、少し前まで高校生だった私はあまりに無知で、無計画で、社会の現実をわかっていませんでした。父親のいない状態で、1人で子供を育てるなど到底できません。本当に悔しいことでしたが、長男は私の母に引き取って育ててもらうことになりました。

その敗北感と喪失感は耐えがたく、それをどのようにして忘れるかといえば、私にはセックスしかありませんでした。産後にバイトを始めたキャバクラで、客に金品を貢がせては見返りにセックスをするという日々を送りました。あの頃はわりとお金があったので長男をこちらで引き取ることもできたはずですが、気がつけば私の目的は子育てよりもお金とセックスになっていました。そして、私は同じことを繰り返してしまいました。22歳で次男を妊娠・出産したのです。父親はわかりません。もう、当時寝た男の顔すら思い出せません。

貯金もできたし、今度こそきっと育てていけるはずでした。しかし、仕事を辞めたあともそれまでと同じようにお金をつかっていたため、貯金はすぐに底をつきました。子供を育てられない。それでも母親に頼りたくなかった私は、次男を施設に預けました。今は小学生のはずですが、それ以来、次男とは一度も会っていません。

統合失調症で生活保護に

私はその後、一般企業の派遣社員となりました。会社帰りに夜の街でお酒を飲み歩くのが日課でした。ある日、仕事の失敗の憂さ晴らしに深酒をしてしまい、同じ店にいた初対面だった男性が家まで送ってくれましたが、あろうことか彼は私の家で本番行為に及びました。泥酔していたので、そのときのことはほとんど覚えていません。ただ、タイミングは最悪でした。25歳のとき、私は三度目の妊娠をしたのです。

日に日に大きくなっていくお腹をよそに、精神を病んだ私は統合失調症となり、なにも考えられなくなりました。最後は区役所に援助を求め、なんとか女の子を産みました。この子は乳児院に入り、そのあとで里親に引き取られました。幸せな家庭で育ち、将来は私のような母親にならないよう願うばかりです。

今、働けなくなった私は生活保護を受けています。全員父親がわからないまま産んだ3人の子供たちは、3人とも私の元から離れていきました。お金もありません。周りは私を「無責任だ」と責めます。しかし、それは私をきちんと育ててくれなかった母親や、誰かわからない子供たちの父親についてもいえることです。それに、自分の都合で中絶したり、産んだ赤ちゃんを放置して殺してしまう親にくらべれば、よほど真っ当なのではないでしょうか。

証言⑦ 彼氏のために風俗で働き、客と本番を繰り返し妊娠

尾上亜衣（仮名・22歳／風俗・バイト 月給18万円）

私の実家は父親がとにかく暴力的で、高校を卒業すると逃げるように上京しました。東武東上線沿いの安いアパートを借りて、池袋で昼間はコンビニ、夜に居酒屋のバイトを掛け持ちするフリーター生活でした。私がリョウスケ(仮名)と出会ったのは、上京から1年ほどたった頃でした。同僚が、私と地元が近いし年齢も同じだからと紹介してくれたのです。リョウスケは、やはり高校を卒業後に上京してホストをやっていました。中学、高校とテニス部で鍛えたリョウスケはよく日焼けしてたくましく、父親の一件で男性を敬遠していた私にとってはちょっと怖い第一印象でした。でも、いつも私を気遣って励ましてくれるリョウスケの優しさに次第に惹《ひ》かれ、私たちは一緒に暮らすことになりました。

私たちの同棲は順調で、お互いに「お金を溜めていつか結婚しよう」と決めていました。私も人並みに幸せになれるのかなと、日々の生活に希望を抱くことができるようになった頃、事件は起こりました。リョウスケが3日ほど家に帰らず、連絡もつかないのです。すると、家にスキンヘッドで強面《こわもて》の男が訪ねてきて、「リョウスケが店の金200万円を持って逃げた。このままでは大変なことになる」というのです。あとで知ったところ、この人はリョウスケの店のケツ持ちをしているタツミ(仮名)というヤクザでした。リョウスケは方々に借金があり、お店のお金を持ち逃げして返済に充てようとしていたのです。私はビックリしました。

そのとき、すぐに警察や弁護士に相談すればよかったのでしょうが、無知な私にそんな考えは浮かばず、とっさに「私も一緒にお金を返すので、どうか勘弁してください」と懇願していました。おかげで、行方をくらましていたリョウスケは家に戻って来ることができましたが、私たちの生活はタツミの監視下に置かれ、タツミに200万円の借金を肩代わりしてもらった代わりに300万円の借金を背負わされました。リョウスケは、「本当にごめん。もう絶対にお前を悲しませない」と泣いて謝りましたが、私にとってはリョウスケと離れ離れになるほうがよっぽどつらいので、生活が苦しくても大丈夫でした。

1万円で避妊具なしの本番

ところが、再び事件が起こりました。ある日、リョウスケが「タツミさんに日給30万円の仕事をもらった」といって家を出たきり、帰ってこないのです。翌日、タツミから「リョウスケが捕まった」と連絡がありました。リョウスケはオレオレ詐欺の受け子をやらされ、お金の受け渡し場所で待ち構えていた警察に逮捕されたのです。懲役2年の実刑判決でした。黒幕のタツミには、いっさいのお咎《とが》めなしです。

私はどさくさに紛れてタツミの元から逃げましたが、すでに私も生活苦で知り合いや先輩から200万円ほど借金をしていました。おまけに、私になにかとよくしてくれていた伯母さんが病気になり、仕送りをしなければなりません。そこで、しかたなくデリヘルで働き始めました。リョウスケには申し訳ないけど、彼の出所時にきちんと迎えてあげられるように生活を立て直しておきたかったのです。

少しでもお金をたくさん稼ぎたかった私は、いつしか客に1万円で避妊具なしの本番行為をさせていました。私は愚かでした。本当に、本当に後悔しています。半年ほどたって、妊娠してしまったのです。父親はわかりません。でも、私は産むと決めました。周りは中絶をすすめましたが、子供に罪はないからです。きっと、生活費や返済、そしてなにより出産や子育てのために、デリヘルで稼いだお金はすぐにつかい果たして、元のフリーター生活に戻ってしまうでしょう。限界を感じて自己破産の申し立てを決めましたが、返済可能と判断されて却下されてしまいました。今も、家には方々から少額訴訟の訴状が届いています。もうすぐ、子供が生まれます。来年の夏にはリョウスケが出所しますが、まだ子供のことは話していません。今は不安しかありません。リョウスケと暮らしながら、「人並みの幸せ」を夢見ることができた頃が、懐かしくてたまりません。

第六章

高齢女性の貧困世界

高齢女性（65歳以上）の貧困者が激増している。とくに一人暮らしの高齢女性の貧困が深刻で、相対貧困率は52・3％（内閣府調べ）とすさまじい状況だ。平均寿命は男性が81・09歳、女性は87・26歳（厚生労働省調べ）で、女性のほうが男性より寿命が長い。死別などで女性のほうが単身になりやすいうえに、女性は男性と比べて就業率が低く、年金受給額も男性のほうが高い。その結果、高齢女性の貧困化が著しく進行してしまっている。そもそも、専業主婦を前提にした日本の社会保障制度は、女性1人が長生きすることを想定してつくられていないことが原因だ。

厚労省が発表した2019年度の国民年金の年金額は、月額6万5008円。生活保護の半額以下である。単身で家賃がかかるとなれば、もはや餓死が想定されるレベルの「絶対的貧困」となる。日本の生活保護の捕捉率は先進国では圧倒的に低く2割以下であり、まともに機能していない。現在、生活保護の半額以下の国民年金だけで暮らす女性が膨大に存在しているのだ。

「本当に死のうと思って、包丁で手首を切った」

今でこそ人手不足の産業もあるが、つい5年ほど前まで中年以上の女性は最低賃金の仕事を探すのも難しい状況だった。60歳を超えるとまともな仕事どころか、どんな仕事もなかった。先日、私が上梓した『日本の貧困女子』（SB新書）で餓死が想定に入る危機的状況に陥った66歳の女性を取材している。

「一生懸命、仕事は探しました。でも、断られてばかりで食べる物にも困るような状態になりました」

求人は年齢だけで断られる。もやしを食べるばかりの最低限の暮らしも維持できなくなり、最終的には所持金は100円もなくなった。

「何日間か飲まず食わず、お米もなくなって、この部屋に閉じこもって動かないで我慢しました。動かなくてもお腹はすくわけで、1週間くらいでどうにもならなくて、死のうかなって浮かんだ。本当に死のうと思って、包丁で手首を切った。切ったのはそこの玄関のあたり。けど、血がだらだら出るだけ。全然、死ねなくて。部屋にちょうどロフトがあるので、ヒモでくくって首を吊ろうと思った。ヒモみたいなのを見つけて首輪をくくったけど、ここで首吊り自殺しちゃうと同じアパートの人に迷惑かかるなって」

そうして、死ぬために出刃包丁を持ち、歩いて数分の児童公園に行ったという。

「お昼だったけど誰もいなかったし、ここだったら大丈夫かなと思って、首を刺して死のうとしたけど、どうしても包丁を自分の体に刺す勇気がなくて無理だった。死ねなかった。実はね、60歳過ぎてから、友達がどんどん自殺しているの。みんな死んじゃった。

理由はいろいろあるけど、簡単にいえば、生きていけないから。だから、死ぬのが怖いってわけじゃなくて、自分を包丁で刺すのができなかっただけ。だって仕事もお金もなくて、ずっと空腹でしょ。生きていてもしょうがないし、生きていく術もないし。今も死ねるなら死にたいもの。だけど、死ねなかった」

手帳に日記を書いているようで、「これ友達。みんな死んじゃった……」と、あるページを見せてくれた。

佳代 首吊り(宇都宮、私のせい)
早坂 電車に飛び込み(一ノ関)
郁ちゃん ガス(東京)

まゆみ 心中
隆 海へ飛び込み
絵美 焼身自殺（灯油、私のせい）

福祉制度を知らないまま死んだ

60歳を超えて、同年代の友人が続々と自殺していた。あまりにも多すぎる。彼女は生活保護の制度をずっと知らなかったようで、自殺した友達からも一度も生活保護制度の話を聞いたことがなかった。みんな60歳を超えて雇用も貯金もなく、助けてくれる家族や配偶者もなく、福祉制度を知らないまま絶望して死んでしまった。

先進諸国では、老後はゆっくりと過ごして安心して暮らせる政策を目指しているが、日本はこのような状態でも消費増税をして彼女のような無職老人や、生活保護の半額以下の年金で暮らす絶対的貧困に苦しむ高齢女性たちからも、さらに税金をとる選択をした。

役割が終わった高齢女性たちには、生きるための情報を知ることなく餓死や孤独死をしてもらい、ムダな社会保障費を使わないようにというのが、この国の緊縮財政の道理なのだろう。

あまりにも怖ろしいが、「高齢者は餓死で」というのは日本が選択した道である。経済成長を続けていたかつての日本からは想像すらできない立場に追い込まれている高齢女性たち。ここでは、〝死を待つだけの困窮生活を送る5人の老女たちの〝絶望の声〟を聞いてほしい。

証言① リーマンショックで退職金が消え、残った住宅ローンに苦しむ老後

緑山志保（仮名・62歳／ホテル・パート 月給12万円）

私たち夫婦は「人様に迷惑をかけない」よう生きてきましたが、今の時代、人に迷惑をかけないことが、どれほど大変であるか、今、身をもって実感しています。

生活は苦しいです。家のローンがあと10年残っていまして、その支払いが月12万円でしょ、それに車や生命保険といった各種保険と公共料金などを合わせれば月に20万円以上になる。私がホテルのベッドメイクで働き、主人（65歳）がシルバー人材センターで仕事をもらい2人合わせて23万円ぐらい。本当にカツカツなんです。冠

婚葬祭のような突発的な支出があると家からまったくお金がなくなってしまうんです。

この前から主人に年金が出るようになって、ようやく貯金もできるようになりましたが、それ以前は、公共料金が遅れて電気を止められたことがあります。今は情け容赦なく電気を止めるんですよ。冷凍庫に入れておいた食材がダメになりました。

家を買ったのは、1995年です。ちょうどバブルが崩壊して金利と土地の値段が下がったこともあり、この時期、「ゆとりローン」といって低金利で新築の家が買えたことと、上の子が小学校に上がることもあって多少無理をして月12万円の35年ローンを組んだんです。当初の予定では主人の退職金でローンを完済するつもりだったので、頭金やボーナス払いをしない形にしたんですが、リーマンショック(2008年)の直後、主人の会社が突然、潰れてしまったんです。主人も「まったく予兆はなかった」というぐらいで、これで退職金が吹っ飛んでしまい、その後、中途で入った会社もお給料が安くなるし、それまでの貯金で穴埋めするような生活が続いたことで貯金が尽きてしまったんです。

家は、埼玉郊外のニュータウンだったので、どこも似たような生活レベルだったんです。うちのように退職金で残りのローンを完済する「ゆとりローン」のご家庭も多かった。

ところが、退職金が得られず退職後もローンが残っているご家庭と、ちゃんと退職金が出たご家庭では、ものすごい「格差」が生まれてしまった。ローンを完済した人は、本当にうらやましいぐらい定年後の「老後」を楽しんでいます。夫婦で温泉旅行や、「完済組」同士で山登りやテニスなんかをしています。でも、うちのような「ローン組」は、そんなゆとりはまったくない。老後破綻しないよう必死にやりくりして、夫婦ともに必死に働いてローンを返しています。うちのニュータウンはバブル時代に計画したものなので、今では価値が半分になっており、売りたくても売れないんです。

「主人が何度も何度も私に謝るんです」

うちは、まだ2人とも元気ですからギリギリのところで踏み留まっていますけど、どちらかが病気になって働けなくなれば、即座に老後破産するはずです。人様にご迷惑をかけることになるために、いつも「それだけは避けよう」といっています。

ゆとりある老後をエンジョイしている完済組の人を見るたびに、心が痛くなるんです。どこで差がついたんだろうって。なにか間違ったことをしたのか、悪いことをしたのか、そう思うと涙が止まらなくなります。私が泣いていると主人がいうんですよ。「お前に苦労をかけてすまない」って、何度も何度も私に謝るんです。でも主人はなにも悪くありません。家族のために一生懸命働いてくれてきた人です。その主人がどうして悪いんですか。「あなたは悪くない」と抱き合って泣いたのは一度や二度ではありません。

息子2人も奨学金で大学に行かせたことで結婚もままならないようです。親である私たちが援助できれば、と、主人の年金は息子の結婚資金として溜《た》めています。あとは子供らの迷惑にならないよう夫婦の生命保険は、しっかりと支払っていきたい。それだけのために生きている感じでしょうか。

証言②「生きながら死んでいる」と話す生活保護受給の老女

大沢ハツ（仮名・67歳／生活保護 受給11万円）

いざとなれば生活保護を受ければいい、そう思う人は多いし、私自身そうでした。でも働かず税金でのうのうと暮らす、いい身分かといえば、そんなことはないんです。私も6年前、60歳過ぎて生活保護を受けました。生活保護っていうのは私のような老後の蓄えもない、年金もきちんと払っていない、国にとって邪魔な老人たちを効率よく、「間引く」ためのもののような気がします。嘘だと思ってるでしょ。じゃあ、これを見てください（手帳を差し出す）。

これはね、同じ時期、生活保護を受けていた知り合いが、いつ自殺したのかを書いたもの。ほら、大体生活保護を受けて4、5年でみんな、死んじゃっているでしょ。

私は60歳の頃、交通整理の仕事をしていて、月15万円にはなっていましたが、だんだん、腰やひざが悪くなって、ほら、この「ビルから投身自殺した」Kちゃんに相談したんです。するとKちゃんが「私も生活保護を受ける」といって、一緒に申請したんです。アパートが近かったこともあり、生活保護を受けたあと、よく飲みに行っていて、そこで似たような人がいると声をかけて、「あなたも受ければ」と勧めて、そうして「生活保護仲間」みたいなのができていったんです。

最初はね、楽しいですよ。働かなくていいし、老後の不安もなくなって、「ああ、これでなんとか死ぬまでやっていける」と思っていました。でも、1年もすると、生活保護の実態がわかってくるんです。思い知らされます。

ほら、この「首吊り」したYちゃんが小鳥を飼おうとしたら、役所の人間が家まで来て、「○日までに小鳥を処分しなさい。しないければ保健所に連れて行く」って。生活保護者はペットを飼うことを許されてないんです。それでYちゃんが泣きながらうちに電話してきた。しばらくすると音信不通になり、そのまま部屋で首を吊っていました。

生活保護を受けると世間が狭くなります。パチンコどころか、今ではゲームセンターもダメ。コインゲームをしても「不正受給だ」と脅されます。人はね、「生きがい」がないと生きていけないことがわかりました。

「生きがい」を潰す生活保護

仕事は大変ですけど、そこで付き合いも生まれるし、お金を稼ぐ喜びもある。でも、生活保護を受給しちゃうと、「生きがい」が許されなくなる。本当に心が押し潰されるというか、壊れていきます。朝から安い焼酎をコーヒーに入れてガブガブ飲むようになって、テレビをずっとボーッと観るような生活が毎日続いていく。生活保護は「生きがい」がいっさい禁止になっています。

毎月、役所の人間が家に来て、あれこれ細かく調べて「生きがい」を潰していきます。そのくせ、焼酎のペットボトルが部屋に転がっていてもなにもいいません。だから数年すれば、大抵の人は「生きながら死んでいる」ような状況になって簡単に自殺する。だって、とっくに「死んでいる」んだもの。

私が自殺しないのは、テレビに岸田総理が出ると、「キシダ死ね！」って怒鳴っているからです(笑)。でもね、こんな愚痴をこぼす相手も私にはいなくなりました。生活保護は「生きがい」を奪った対価で、寿命と引き換えにお金がもらえる制度ですよ。それを知っていれば安易に申請しなかったかなぁ。

　私にできるのは、テレビに映った岸田総理に「死ね！」と叫んでストレスを発散することだけです。それすら、もういいやっていう気分になってきてます。こんな、私のような役立たずを「間引く」って意味では、生活保護はよくできた制度だから、今日も誰かが自殺していると思いますよ。

証言③ 生活保護マネーが循環する町で春を売り続ける老女

城島祐子（仮名・70歳／風俗 月給10万円）

中島みゆきの「地上の星」を、こう歌っているんだよ。「♪駅の中のホームレス、街角の立ちんぼー。みんな、どこへ行ったー、見送られることもなくー」って（笑）。

一昔前は新宿駅から都庁までホームレスなんて山のようにいた。隅田川の川沿いはブルーテントがいっぱい立ち並んでいた。今は、まったく見かけないのは、どうしてなんだい。簡単さ。どんどん街が小ぎれいになって、私のような、この年になっても「立ちんぼ」やるようなクズたちを、どこかに捨ててきたからだよ。ゴミはゴミの吹き溜まりに溜まるわけさ。ゴミのような人間はな、ゴミ箱みたいな場所でしか生きられないんだわ。

私は若い頃から水商売やら風俗をやっていた。ただ50歳過ぎれば、当然、仕事はなくなっていく。それで普通の仕事なんかもやってきたけど、さんざん、ムチャしてきたからなのかねえ、60歳過ぎてから、一気に体にガタがきた。清掃なんかの仕事はつらいんだよ。それでしかたなく、また「立ちんぼ」を始めた。最初は新宿でやっていたけど、こんな小汚いババアだからね、ほとんど仕事にならない。それでも時たま買ってくれていた、これまたホームレス寸前のジジイがさ、「ばあさんで立ちんぼやるなら浅草か、山谷《さんや》あたりにしたほうがいい」とアドバイスしてくれてね。そっちに移ることにしたんだよ。

まあ、仕事にはなったわな。山谷界隈は、生活保護のじいさんがやたらと多いんだ。毎月1日か2日、支給日になると、私のようなばあさんでも買ってくれる。じいさんたちにすれば、月に一度の贅沢《ぜいたく》というか「これが人生最後のセックス」とでも思うのかねえ。使える小遣いは1万円もないから、私のような5000円でイッパツやらせてくれるばあさんしか買えないんだわ。こっちもなりふり構っていられないからね。公園の端にブルーシート敷いて、そこでやらせて5000円をもらうわけさ。

山谷あたりは、そんな「生活保護マネー」を狙うクズの巣窟なんだよ。私らみたいなババアの立ちんぼだけじゃなく飲み屋なんかも、その金を当てにしてやっている。あのへんの飲み屋なんて全然、安くないのよ。ちょっとしたもつ煮込みが500円とかする。それでも金が入って気が大きくなるのかねえ、安くない飲み屋で飲んで食ってうちらを買うんだよ。な、バカばっかだろ。そうした支給日フィーバーが、大体1週間ほど続き、私なんかも、その間に月7、8万円稼いで、その後の10日間で2、3万円ってとこかねえ。

「地上のゴミ」を集めた「ゴミ箱の街」

この年になってわかるのは、金持ちは、余裕があるから譲り合える。それで金が回るんだ。でもビンボー人は違う。「奪い合う」だけ。奪えなきゃ、くたばるんだから、もう必死だわさ。奪える相手は自分より弱いヤツしかいない以上、ゴミが集まる場所に群れるしかないわけさね。

それでも私は、まだ奪う側に立っている。でも、あと数年、生きていれば、どうしようもなくなって私も生活保護を受けるしかない。そうなれば今度は奪われる側さ。死ぬまで「生かされて」、死ぬまで奪われる。それが私の末路なんだろうね。「♪つばーめーよー、地上のゴミは、今、どこにあるのだろう」(笑)。そう、こういう「地上のゴミ」を集めた「ゴミ箱の街」は、ここ(山谷界隈)だけじゃなく、日本のいたるところにできているんだよ

生活保護の能なしたちを1カ所に集めて、その金を漁る私らのようなクズがいて、そのクズが稼いだ小金を、今度は政府が「消費税」でむしりとる。まったくよくできているよ。

本当の悪党たちは、誰なのかねえ。

証言④ 夫が脳溢血《のういっけつ》で倒れてから、あっという間に困窮生活に

三沢洋子(仮名・67歳/主婦 夫婦の年金が月23万円)

6年前、夫(3歳年上)が脳溢血で倒れたんですよ。それから生活が困窮するまで、本当にあっという間でした。

子供に手がかからなくなってからは、私はパートに出ていました。それなりに貯金もあり、老後の不安もなかった。夫の脳溢血だって、別段、珍しい話じゃないですし、たしかに1年近くのリハビリと障がいが残って車椅子が必要になったのはありますよ。それで家をバリアフリーというんですか、トイレやお風呂なども改装しました。それで貯金が底をついたこともあって、今後の貯蓄に回すためにも月に10万円ぐらいは稼ぎたかった。それでパートに戻ろうとしたんですよ。

ところが、なぜかパート先に戻れませんでした。夫のリハビリもあって一度は辞めたんですが、そこのお弁当屋さんは10年ぐらい勤めていたんですよ。それで戻れるかな、と思ったら「別の人を雇ったから」と断られたんです。後日、店を覗くと、私と同世代の人を雇っている。なんで？って思いますよね。

ほかにもあれこれ探しましたけど、どこも断られるばかりで。おかしいな、と思っていたんですが、それ以上につらかったのは、周囲が私たち夫婦といきなり距離を置くようになったことです。

近所付き合いが極端に減っていきました。夫は釣りが趣味で、よく近所の仲間と一緒に行っていたんです。そうした人も付き合いがなくなった。私もそうです。高尾山のハイキングや温泉旅行なんかも行っていたんですが、そうしたお誘いが、やはりぴたりとなくなった。

ただでさえ、夫は下半身に障がいが残って車椅子が多くなったのに、友人知人、家族までも避けるようになって、本当につらそうでしたね。それで3年前ぐらいから、怒鳴り散らすことが増えてきて認知症の傾向が強まったんです。すると、ますます周囲から人が離れて、さらに病状が悪化するという感じで。おむつなんかの介護関連のお金や医療費なんかも次第にかさんできて、年金を貯蓄に回せなくなってしまったんです。夫を老人ホームに入れるとしてもお金が足りませんし、これで私になにかあれば本当に生活が破綻する状況です。

「代わり」はいくらでもいる

夫が倒れたとき、私は61歳でしたのでパートに出ていれば、400万円近くは貯蓄できたと思うんですよ。そして夫の周りに人がいれば、あれほど悪化することもなかったでしょうし。何度も、「どうしてなのかな」と考えました。

それで気づいたのは、私たち夫婦は団塊の世代だということです。この世代は、同年代にたくさんの人がいますから常に競って勝ちとらないと居場所がなくなっちゃうんですよ。私がお弁当屋さんに戻れなかったのは、雇う側にすれば私の代わりはいくらでもいる。車椅子の夫を持ち、なにかあれば休むような人じゃなくて、老後の不安の少ない人のほうが安心ですから。私たち夫婦を避けた知人たちもそう。車椅子の夫がいなくても「代わり」はいくらでもいる。無理して付き合う必要はないんでしょうね。

この世代は、たとえ「病気」をしたとしても、それで「貯金」が底をつくことは絶対に許されなかったのです。そうなれば一気に生活が困窮し、世間から見捨てられてしまう。

一度、落伍《らくご》すれば、二度とやり直しがきかないほど、私たちの世代はシビアな状況に追いやられていたんです。きっと私のような状況の人はたくさんいるんでしょうね。

日本がこれほどひどい国だとは知りませんでした。まあ、知ったところで、私たちは、やり直せない。なにより夫が亡くなって生命保険のお金が入ることを支えに生活するのは、本当につらいんです。生きる気力を失いそうです。

証言⑤ 水商売しか働き場所のない熟女、キャバにしがみつく老女

矢口奈美恵（仮名・64歳／キャバクラ勤務 月給20万円）

64歳で千葉の熟女キャバクラで働いています。毎月の収入は約20万円ですが、4枚のクレジットカードは限度額いっぱいで総額400万円。返済に追われ、自由につかえるお金は月2万円ぐらいです。

熟女キャバクラといっても、うちの店の客はやっぱり30代とか40代の子を目当てに来る人が多いので、肩身の狭い思いをしています。

一時期は指名もとれていたけど、最近はまったくなしです。1日でも長くお店で働けるように、若い子たちの盛り上げ役や相談役に徹しようと思っています。キャストから「あんなおばあさんになってまで、よく夜の仕事続けるよね。見苦しいからさっさと辞めればいいのに」と陰口をいわれることもしょっちゅうです。一部のグループの子たちから「私の指名客にタメ語で偉そうに話すのやめてほしいんだけど」みたいな嫌味をいわれることもあります。

店長からもあまり大事にされていません。お店には8年ぐらい在籍しているけど、

店長は雇われなのでコロコロ変わります。彼らにしてみれば、私がどれだけ長くこのお店に貢献してきたかなんて、まったく興味ないんだと思います。

ここ何年かの間に何度か昼職の仕事の面接を受けたこともありますが、これまで水商売の経験しかないため、全部不採用。スーパーの品出しや倉庫の仕分けの仕事ですら、独り身で水商売臭のついたばあさんをどこも雇ってくれませんでした。

そういう現実がある以上、簡単にこの仕事を辞めるわけにはいきません。生きていかないといけないから、恥も外聞もなく客が帰ったあとの残り物の料理とかを食べてなんとか空腹をしのいでいます。

ずっとこんな人生だったわけではありません。ずいぶん前の話になりますが、国立大学に進学して大手企業のOLを経験し、一度は結婚もしましたが、子供ができないまま42歳で離婚。原因は私の浮気でした。

浮気した相手は劇団員の役者。これまでつまらない人生を過ごしてきた私とは、正反対の生き方に胸がときめいて、彼の夢を叶《かな》えてあげたいって思ったんです。

セックスのあとにベッドで語ってくれる彼の夢は、どれもが新鮮な話でした。でも彼はとにかくお金がなかったので、劇場代やチケット負担分、衣装代、稽古場代、コネをつくるための接待費などを、定期的にこっそり援助していました。もちろんそれは家のお金からです。その額が３００万円に達した頃、夫にバレてしまいました。夫と別れたことを告げると、彼は「これ以上、奈美恵さんの負担になりたくない」といって私の元を去っていきました。

クビになるのも時間の問題かもしれません

家庭も彼も失った悲しみに浸る間もなく、一刻も早くお金を稼ぐ必要があったので、そこから水商売を始めるようになります。昼職よりも簡単に稼げるし、それまでの人生よりかは刺激のある仕事だと思ったからです。

それからもいろんな男と付き合いました。弁護士を目指すも司法試験に5年連続で落ちたフリーター、メジャーデビューが夢の売れないバンドマンなど、やっぱり私はなにかしら夢を追いかける男に惹《ひ》かれるようです。

最近まで付き合ってた人は、36歳の雇われバーテンダー。その彼と半同棲状態になりましたが、これがとんでもないＤＶ男でした。日常的に殴る蹴るが始まり、一度殺されると思って警察を呼んだら、「いい年して水商売なんてしているあなたにも問題がある」っていわれたのはショックでしたね。

結局、その男にカードを限度額まで使われ、有り金180万円を全部持ち出されてしまいました。あの男のせいで精神安定剤を飲むようになり、その影響で今はあまり呂律《ろれつ》が回りません。しゃべる仕事をしているのに死活問題です。お店をクビになるのも時間の問題かもしれません。

おわりに

日本は平成に入ってから新自由主義(規制緩和、民営化、市場原理主義、雇用の自由化)、緊縮財政路線(政府支出の削減、増税、プライマリーバランス)に舵を切ったことで、まず国民の中から女性が阿鼻叫喚《あびきょうかん》の絶望に叩き落されることになった。

最初に女性がターゲットとなったのは、古くから日本にずっと続く男尊女卑や家父長制、長男信仰の延長だろう。代々継承される男性優位・男性優遇の流れに団塊世代、バブル世代、一部の団塊ジュニア世代の中年男性が乗っかり、女性の〝貧困化作戦〟が繰り広げられた。おそらく彼らが想像していた以上の成果が出た。正直もう日本はメチャクチャである。なにがメチャクチャなのか、改めて書いていく。

ひとつは、ただ勉強がしたいだけの真面目な女子大生を性風俗やパパ活に誘導し、賃金が高めの中年男性の欲望の的にさせていることだ。勉学に励み、多大な社会貢献が期待できる優等生までをも巻き込み、彼女たちが肉体を提供してやっと普通の学生生活を送ることができるような「再分配制度」をつくった。事実、都市圏の繁華街ではそんな仕組みができ上がっている。

大学の学費はどんどんと高騰する一方、地方経済は衰退して学生の親世帯の実質賃金は下落の一途だ。親の仕送りなしに進学のために上京すれば、奨学金をフルで借りても、まったくお金は足りない。結果として女子大生の夜職、性風俗、個人売春の志願者が殺到し、猛烈な勢いで女性の肉体はデフレ化した。

一度転落すれば「低賃金」と「性的被害」しかない

女性の貧困化が一線を超えたところで、風俗に女性が殺到した。風俗関係者は誰もが知るところだが、もう10年ほど前からそんな状況だ。女性の供給ばかりが増大して、現在、従来の貧困女子たちはカラダを売ることも許されなくなった。

裸の世界を追い出された彼女らを次に待っているのは、人手不足の低賃金サービス業での従事だ。キャリアのない女性は、公的な職業安定所に相談すればおそらく介護業界に誘導される。アンダーグラウンドではなく、国や自治体が運営する公的な福祉の世界で前向きな気持ちで人生をやり直そうと思っても、国や自治体は公的な事業をどんどんと民営化、アウトソーシングさせ、彼女たちに普通に働いて普通に生活ができる対価を払う気はサラサラない。

限界まで賃金を下落させて、介護施設ならばブラック労働をさせ、さらに低賃金で最大の効果を求めて彼女たちの尻を叩く。それだけには留まらず、危機感を煽《あお》って資格取得に向かわせてわずかなお金をも巻き上げる。さらに男性高齢利用者（とくに団塊世代）やその家族は、女性介護職員を家政婦以下くらいにしか思っていない。セクハラし放題、恫喝《どうかつ》し放題。女性たちの地獄は終わることはない。

肉体を売ることも、労働してまともな生活をすることも絶たれ、最後の望みは結婚しかない。しかし、周囲を見回しても下層の貧困男性まみれだ。格差社会を超えた階層社会では、同じ階層同士のコミュニティーしか形成されないので、結婚相手など見つけようがない。シンデレラストーリーの崩壊だ。

もはや一度下層に転落した女性は、生涯低賃金労働と性的被害に苦しみながら生きる、という選択肢しかないのだ。

［装幀］OKADESIGNOFFICE
［本文デザイン&DTP］柳本慈子
［カバー写真］イメージナビ／アフロ
［編集］片山恵悟

本書は小社より2020年2月に刊行した宝島社新書『証言 貧困女子 助けて！と言えない39人の悲しき理由』、2020年7月に刊行した同『新型コロナと貧困女子』、2021年5月に刊行した同『女子大生風俗嬢 性とコロナ貧困の告白』を改訂し、再編集したものです。

著者プロフィール
中村淳彦（なかむら あつひこ）
1972年、東京都生まれ。ノンフィクションライター。貧困や介護、AV女優、風俗などの分野でフィールドワークを行い、執筆を続ける。貧困化する日本の現実を可視化するために、過酷な現場の話にひたすら耳を傾けている。著書に『東京貧困女子。』（東洋経済新報社）、『日本の貧困女子』（SB新書）、『職業としてのAV女優』『パパ活女子』（ともに幻冬舎新書）、『悪魔の傾聴 会話も人間関係も思いのままに操る』（飛鳥新社）、『歌舞伎町と貧困女子』（宝島社新書）、など多数。
Twitter：@atu_nakamura

宝島SUGOI文庫

貧困女子の世界
（ひんこんじょしのせかい）

2023年6月20日　第1刷発行

編著者　中村淳彦
発行人　蓮見清一
発行所　株式会社 宝島社
〒102-8388 東京都千代田区一番町25番地
電話：営業 03(3234)4621
編集 03(3239)0646
https://tkj.jp

印刷・製本　中央精版印刷株式会社

First published 2020, 2021 by Takarajimasha, Inc.
ISBN 978-4-299-04392-4